M. ET A. MÉLIOT

Dictionnaire

Universel

des

Monnaies

Courantes

DICTIONNAIRE UNIVERSEL

DES

MONNAIES COURANTES

DICTIONNAIRE UNIVERSEL

DES

MONNAIES

COURANTES

POIDS - TITRE - VALEUR

SYSTÈMES MONÉTAIRES

DE TOUS LES PAYS

PAR

M. ET A. MÉLIOT

PARIS

GARNIER FRÈRES, LIBRAIRES-ÉDITEURS

6, RUE DES SAINTS-PÈRES, 6

PRÉFACE

Le Dictionnaire que nous présentons au public a nécessité de nombreuses recherches; il nous a fallu, pour le rendre complet et lui assurer un caractère d'exactitude indispensable, consulter plus d'un recueil, plus d'un document, plus d'un ouvrage français et étranger, réunir des renseignements épars dans le monde entier et souvent longs et difficiles à obtenir, à compulser, à coordonner.

Notre premier devoir doit donc être de remercier tous ceux dont l'obligeant et empressé concours nous a été si précieux et sans lequel nous n'eussions pas mené notre tâche à bien. Ce concours, nous l'avons rencontré, tantôt dans des ouvrages spéciaux, mais réservés aux professionnels, par suite, soit de leur technicité, soit de leur cadre fermé, soit de leur prix élevé; tantôt auprès de fonctionnaires chargés de diriger les départements relatifs aux questions monétaires universelles et particulières.

Parmi les ouvrages consultés avec le plus de fruit, nous citerons :

Les Rapports annuels des Directeurs de la Monnaie de Londres et de celle de Washington;

Les deux premiers Rapports annuels (1896 et 1897) de

M. de Foville, Directeur de la Monnaie de Paris, si admirablement composés, si riches en documents clairs et précis (Imprimerie nationale);

Deux des principaux livres publiés par M. Ottomar Haupt, dont le nom seul constitue une autorité internationale : *The Monetary Question* et *Arbitrages et Parités* (8° édit. Paris, Truchy);

Monnaies, Poids et *Mesures*, de M. Alphonse Lejeune, où se trouvent méthodiquement réunis tant de renseignements intéressants (Bibliothèque d'Enseignement commercial, sous la direction de M. Georges Paulet (Paris, Berger-Levrault et Cie, édit.);

L'Économiste Européen et les nombreuses et savantes publications de M. Edmond Théry où l'éminent économiste répand à profusion les résultats de ses travaux remarquables;

Les *Années financières*, de M. Arthur Raffalovich, dont le talent et la compétence sont partout reconnus (Guillaumin et Cie, édit.);

Le *Rapport* de M. Delatour, conseiller d'État, Directeur du mouvement général des fonds, qui met en si vive lumière les résultats de l'enquête de 1897 sur la circulation monétaire et fiduciaire (Imprimerie nationale);

La Question sociale, le *Chèque barré* et *Une Nouvelle Institution financière*, ouvrages si pleins de données justes et de profonde philosophie pratique, de M. E. Grillon (Guillaumin et Cie, édit.);

Signalons enfin, le Bottin de 1898, dont la partie monétaire, si remarquablement traitée, est une des nombreuses améliorations qui enrichissent chaque année depuis plus de cent ans cet indispensable Annuaire.

A tous nous adressons ici nos plus sincères remerciements, ainsi qu'à messieurs les Ambassadeurs et Consuls, qui ont bien voulu nous accorder un précieux concours dont nous ne saurions être assez reconnaissants, de même qu'envers les chefs de nos principaux établissements financiers.

Nous ajoutons que toutes les observations, corrections ou améliorations qu'on voudrait bien nous communiquer seront reçues avec gratitude : nous les sollicitons même instamment afin d'en pouvoir profiter pour une édition ultérieure.

M. et A. MÉLIOT.

Paris, Mars 1898.

INTRODUCTION

Parmi les nations qui possèdent un système monétaire en propre et une frappe spéciale, un certain nombre seulement entretient un hôtel des monnaies pour la fabrication de son numéraire national et parfois de monnaies étrangères : les autres font fabriquer leur monnaie dans les divers ateliers monétaires que possèdent seulement les principaux pays.

Pour dresser le tableau des monnaies de chaque pays, nous n'avons à nous occuper que de ceux qui font usage d'une monnaie nationale, c'est-à-dire de pièces spéciales, frappées — soit chez eux, soit à l'étranger — pour eux seuls, d'après leur système monétaire national, au moyen de coins employés exclusivement pour leur compte.

Quant aux autres pays, c'est-à-dire à ceux qui ne font usage que de monnaies étrangères, on trouvera celles de ces monnaies qui circulent couramment dans ces pays secondaires, soit dans le DICTIONNAIRE même, au nom distinctif de chaque pièce de monnaie, soit dans l'*Index géographique*, où sont énumérées, sous le nom de chaque pays, les différentes dénominations de toutes les pièces de monnaie en circulation courante dans ce pays.

La MONNAIE est un lingot de métal, sous forme de disque (1),

---

(1) Cette forme de monnaie est générale, sauf quelques rares exceptions, telles que le *tical* siamois, qui est parfois sphérique, les *cauris* ou *cowries*, petits coquillages qui servent de monnaie d'appoint aux Indes et en Afrique, et les pièces de sel gemme de Nigritie et d'Abyssinie, appelées *amolés*. L'ancienne *sapèque* chinoise, en zinc, employée aussi en Annam, offre cette particularité qu'étant percée d'un trou au centre, elle s'enfile en *ligatures* de 600 sapèques divisées en 10 *tiens* de 60 sapèques. Citons encore les *borjokes*, perles de verre qui servent de monnaie d'appoint en Abyssinie, et la poudre d'or pesée avec une petite balance portative.

dont le poids, le titre, la figure et la valeur sont déterminés par l'autorité publique — État ou Souverain — qui en a fait l'émission, et servant de mesure pour faciliter et préciser les échanges et les paiements libératoires.

Les métaux dont on se sert pour la fabrication des monnaies sont : l'or, l'argent, le cuivre, le nickel, l'étain, le zinc, le bronze. Toutefois, ni l'or ni l'argent ne sont employés à l'état pur : on durcit ces métaux au moyen de l'*alliage*, c'est-à-dire en les combinant avec du cuivre dans une proportion déterminée, indiquée par le *titre* qui établit le *degré de fin* que doit contenir l'alliage avec lequel les pièces de monnaie sont fabriquées.

Ainsi, les pièces d'or françaises sont au titre de $\frac{900}{1.000}$, c'est-à-dire qu'elles sont composées d'un alliage formé par 900 parties d'or fin et 100 parties de cuivre. Tel est le *titre droit* ou légal.

Une tolérance de $\frac{1}{1.000}$ au-dessus et au-dessous de ce titre est accordée. La pièce de 5 francs en argent est au même titre que la monnaie d'or : elle contient, par conséquent, 900 parties d'argent fin et 100 parties de cuivre, avec une tolérance, au-dessus ou au-dessous, de $\frac{2}{1.000}$.

Quant aux autres pièces d'argent (2 francs, 1 franc, 50 centimes et 20 centimes), elles sont au titre de $\frac{835}{1.000}$ avec tolérance, de même, de $\frac{3}{1.000}$. Enfin, nos pièces de bronze sont composées de 95 parties de cuivre, 4 d'étain et 1 partie de zinc, avec tolérance de 10 pour le cuivre, de 5 pour l'étain et de 5 pour le zinc.

Le poids total de chaque pièce est déterminé avec la même précision et comporte une double tolérance : la première relative au *poids droit*, c'est la *tolérance de fabrication ;* la seconde accordée pour le *frai* — c'est-à-dire la diminution du poids par l'effet de la circulation — au-dessous de la tolérance de fabrication : c'est la *tolérance de frai.*

Seul l'État possède le droit de *frapper monnaie,* c'est-à-dire de fabriquer les pièces de monnaie.

S'il est de principe que la valeur intrinsèque des monnaies doit être égale à leur valeur nominale, une exception est admise en ce qui concerne les monnaies d'argent divisionnaires ou d'appoint,

et la baisse considérable de la valeur de l'argent métal a ce résultat qu'actuellement il y a un écart de plus de 50 0/0 entre la
valeur intrinsèque des monnaies d'argent et leur valeur nominale,
c'est pourquoi leur fabrication a été limitée et suspendue.

Il est aussi de principe que le pouvoir libératoire des monnaies
soit illimité ; mais la même exception s'applique aux monnaies
divisionnaires d'argent (pièces de 2 francs, 1 franc, 50 centimes
et 20 centimes), dont le pouvoir libératoire est limité à 50 francs
entre particuliers, et aux pièces de bronze, dont ce pouvoir est
limité à l'appoint de la pièce de 5 francs, laquelle possède, comme
les monnaies d'or, pouvoir libératoire illimité. On trouvera d'ailleurs dans le TABLEAU DES MONNAIES FRANÇAISES (page 119) l'en-
semble de tous les renseignements relatifs aux diamètre, poids,
titre, tolérances, pouvoir libératoire de nos monnaies, et dans
chaque TABLEAU des monnaies des différents pays les mêmes
renseignements respectifs à leur sujet.

Le système monétaire d'un pays a pour base un *étalon*, c'est-à-
dire une certaine quantité de métal fin qui sert d'*unité* et à laquelle
se rapporte tout le système. Ainsi, en France, l'*unité* des monnaies est le *franc* et sa valeur est celle de cinq grammes d'argent
au titre de neuf dixièmes de fin, ou $\frac{900}{1.000}$ (L. du 18 germ. an III,
art. 5 ; L. du 28 therm. an III, art. 1er). Mais en 1864 et en 1866,
par suite de la baisse de l'argent métal, qui rompait déjà, entre
l'or et l'argent, l'équilibre légalement mais précairement établi
par le rapport fixé à 15,5/1, rapport qui se trouve avoir atteint
actuellement (1898), plus de 30/1, le Gouvernement français,
suivant en cela l'exemple de pays voisins, a dû réduire de
$\frac{900}{1.000}$ à $\frac{835}{1.000}$ de fin toutes les pièces de monnaies d'argent, sauf
l'écu de 5 francs. De plus, une convention monétaire, connue sous
le nom d'UNION LATINE — dont nous parlerons plus loin — fut
conclue entre la France, la Belgique, l'Italie, puis la Grèce, dans
le but d'établir le poids, le titre, le module, le cours, l'émission
et l'admission des monnaies d'or et d'argent.

Cette convention a pour base, non pas un *étalon unique*, mais un *double étalon*, or et argent, ces deux métaux maintenus, en dépit de la baisse de l'argent métal, dans le rapport légal, mais fictif, de 15 1/2/1, c'est-à-dire que, dans les cinq pays contractants, on peut s'acquitter d'une dette en donnant, soit de l'or, soit de l'argent, dans la proportion de 1 kilogramme d'or pour 15 kilogrammes et demi d'argent, sauf la limitation relative aux pièces divisionnaires et leur rapatriement, dont il sera question plus loin au sujet de l'Union latine.

En ce qui concerne leurs étalons monétaires, les différents pays se groupent donc en trois catégories selon qu'ils ont adopté l'étalon d'or, l'étalon d'argent ou le double étalon ; les premiers sont dits *monométallistes*, et ceux qui se basent sur le double étalon, *bimétallistes* :

PAYS MONOMÉTALLISTES

A. — Étalon d'or.

Allemagne.	Finlande.
Angleterre.	Japon.
Australie.	Libéria.
Autriche-Hongrie.	Norvège.
Brésil.	Pérou.
Canada.	Portugal.
Chili.	Roumanie.
Costa-Rica.	Russie.
Danemark.	Suède.
Egypte.	Turquie.

B. — Étalon d'argent.

Amérique centrale.	Equateur.
Bolivie.	Indes.
Chine.	Mexique.
Colombie.	Tripoli.
Cuba.	Venezuela.

PAYS BIMÉTALLISTES

Argentine (République).	Grèce.
Belgique.	Haïti.
Espagne.	Hollande.
Etats-Unis.	Italie.
France.	Suisse.

Cette question du bimétallisme et du monométallisme, de l'étalon unique et du double étalon, a provoqué d'interminables discussions et fait verser des flots d'encre dans les journaux et dans d'innombrables ouvrages. Il y a une trentaine d'années le clan bimétallique semblait marcher au triomphe, grâce aux conventions de l'Union latine; mais ce succès fut bientôt suivi d'amers lendemains : aujourd'hui c'est au tour des monométallistes de chanter victoire. La baisse de l'argent métal, qui a brisé le rapport légal de 15 $^1/_2$/1 entre l'or et l'argent, pousse chaque jour de nouveaux pays à adopter l'étalon unique, et actuellement c'est l'étalon d'or qui domine, ainsi que le montre le tableau ci-dessus.

L'Union latine, dont la France a été la grande dupe, est battue en brèche et ne se défend plus qu'à force de conventions sur conventions nouvelles, imaginées pour pallier les mauvais effets d'un accord, étourdiment conclu, et destiné à sombrer devant les faits comme tout ce qui est basé sur une fiction, si séduisante soit-elle, prise en dehors des lois économiques, et même en contradiction avec elles. Comment, en effet, a-t-on espéré qu'il serait possible de décréter un rapport fixe entre deux métaux, deux marchandises quelconques ? Comment forcer plusieurs États à reconnaître cours légal à toutes les pièces frappées dans des conditions uniformes ? Comment n'avoir pas prévu qu'une baisse ou une hausse dans la valeur intrinsèque de l'or ou de l'argent, produite par une surabondance de production de l'un ou de l'autre de ces deux métaux, ou par toute autre cause, aurait infailliblement pour résultat un trafic, *autorisé par la convention de l'Union latine*, et au moyen duquel les petits États alliés — moins scrupuleux ou plus malins que le grand — profitant de la baisse de l'argent, se hâteraient d'émettre des écus à profusion, d'en inonder la France et de réaliser ainsi un bénéfice d'environ 40 0/0 ?

Afin d'enrayer ce faux-monnayage d'un nouveau genre, la France n'avait qu'une ressource. Elle l'appliqua, mais trop tard et incomplètement. Cette ressource consistait à limiter les émissions, puis à suspendre la frappe et obtenir le remboursement en or des centaines de millions d'écus belges, grecs, italiens dont la circulation française se trouvait envahie et obstruée. Naturellement, nos bons petits voisins, voyant leur trafic atteint et leurs bénéfices menacés, se défendirent si bien qu'ils réussirent encore à ne rembourser en or que la moitié de leurs écus. Notre demi-

victoire nous coûtait donc encore cher, mais tel est le danger de
conventions conclues sur un principe coercitif et en dehors d'une
loi aussi naturelle, aussi inéluctable et universelle que la loi de
l'offre et de la demande. Cette loi, violée par le bimétallisme,
violée par l'Union latine, est aujourd'hui proclamée et reconnue,
autant par suite des avantages qu'elle procure à ses adhérents que
par les déboires et les déconfitures de ses adversaires.

L'excuse invoquée par les bimétallistes dans leur chimérique
poursuite est dans l'immense avantage que retirerait le monde
entier d'un système monétaire international, d'une monnaie universelle que semblent appeler, nécessiter même, les négociations
de tout genre dont le réseau s'étend de plus en plus sur tous les
peuples de la terre, et dont le nombre et l'importance crois-
sent dans d'énormes proportions. Mais, d'une part, si un étalon
unique universel — or ou argent — est déjà impraticable, le
double étalon forcé l'est encore bien plus, quoi qu'en prétendent
les bimétallistes lorsqu'ils attribuent la chute de l'Union Latine
aux limites trop restreintes de son champ d'opération. « Ren-
versez ces limites, relativement étroites — disent les partisans
du bimétallisme universel, — étendez cette Union, resserrée
entre cinq pays — dont un seul est important et devait nécessairement être rongé par les autres dans une alliance si mal équi-
librée — embrassez des nations d'une importance financière en
rapport avec celle de la France, et les gouvernements étant à
peu près seuls consommateurs d'or et d'argent (la quantité trans-
formée en bijoux et objets d'art est, en effet, négligeable) pourront facilement s'entendre pour faire la loi aux marchés et régler
la valeur marchande de l'or et de l'argent. »
Dans son remarquable ouvrage sur les *Monnaies, Poids et Mesures*, M. Alphonse Lejeune réfute péremptoirement cette uto-
pique prétention des bimétallistes dans les termes suivants :
« Cette affirmation ne paraît pas exacte. Ou la frappe sera libre,
et alors les Hôtels des Monnaies étant ouverts au public, les
mines pourront jeter indéfiniment leurs produits sur le marché,

l'inonder, avec un bénéfice certain et mathématique, de celui des
deux métaux dont le cours marchand sera en baisse et causer
ainsi dans les prix des perturbations incessantes. Ou bien les gouvernements s'attribueront la réglementation de la frappe, et les
difficultés de l'Union Latine renaîtront avec une acuité décuplée
par le nombre des États et l'importance des intérêts en jeu (1). »

. Il est un autre argument sur lequel s'appuient les protago-
nistes d'un système tendant à provoquer une entente entre tous
les gouvernements, de façon à ce qu'ils puissent « faire la loi aux
marchés, régler la valeur marchande de l'or et de l'argent et
maintenir un rapport fixe entre la valeur de l'un et celle de
l'autre. » Cet argument est déduit des faits positifs d'où il résulte
que la monnaie possède très réellement, indépendamment de sa
valeur marchande, une valeur factice qui dépend de la puissance
du Gouvernement émetteur : c'est la *valeur légale*, donnée par
l'empreinte officielle, laquelle assure, non seulement la facilité de
sa circulation, mais aussi, dans une certaine mesure, la stabilité
de sa valeur marchande. C'est ainsi qu'actuellement, la monnaie
d'argent a cours et passe pour la valeur légale inscrite sur chaque
pièce, alors que sa valeur marchande intrinsèque est de plus de
50 0/0 inférieure, par suite de la baisse du métal blanc. Comme
cette monnaie est reçue dans les caisses de l'État pour sa valeur
légale, il est clair qu'elle est considérée comme bonne, non en
raison du métal fin qu'elle contient, mais parce que le Gouvernement lui a assigné et continue à lui assigner la valeur légale
pour laquelle elle est acceptée. Mais lorsque l'écart entre la
valeur marchande et la valeur légale devient — comme actuellement — excessif, non seulement la porte s'ouvre au trafic étranger,
mais dans les limites mêmes du Gouvernement émetteur, en deçà
desquelles seulement cette monnaie conserve sa valeur légale,
car il arrive nécessairement un moment où fléchit la valeur légale,
puisqu'un État ne peut indéfiniment la maintenir si elle reste
trop supérieure au prix marchand du métal.

On a constaté que des quantités considérables de pièces de
5 francs françaises étaient frappées à l'étranger. Leurs poids,
diamètre, module, effigie, titre, tout était conforme au type

---

(1) *Monnaies, Poids et Mesures des principaux pays*, par Alphonse Lejeune,
ouvrage publié dans la BIBLIOTHÈQUE D'ENSEIGNEMENT COMMERCIAL, dirigée par
M. Georges Paulet. Paris, Berger-Levrault et Cⁱᵉ, édit. 1891.

frappé à la Monnaie de Paris. Or, ces pièces, prises pour 5 francs, ne coûtaient au fabricant que 2 fr. 80, d'où un bénéfice net, pour ce faux-monnayeur d'un nouveau genre, de 2 fr. 20... et une perte d'autant, en fin de compte, pour le Gouvernement français.

On voit, par cet exemple, combien est imprudente une théorie tendant à n'attribuer à la monnaie qu'une valeur fictive et dépendant du caprice du Gouvernement. C'est ainsi que les assignats qui, au début, étaient dus à une conception habile et sage, ne tardèrent pas à engager le pays dans de lamentables catastrophes économiques. Or, si cette monnaie fictive, forcée, est déjà un danger alors même qu'elle est restreinte à l'intérieur par un Gouvernement maître chez lui, que dire d'un pareil système étendu à un groupement d'États comme celui de l'Union Latine ? Les faits devaient nécessairement se charger d'en démontrer l'inanité et se résumer en un grave préjudice, subi exclusivement par la France.

Mais la question monétaire n'en est encore arrivée qu'à une période transitoire. Un changement plus radical se prépare, et de même que le mulet de jadis, porteur de sacs d'écus, est entré dans l'histoire du passé, de même l'y suivront, dans un avenir plus ou moins rapproché, à peu près toutes les monnaies métalliques. Ceci n'est nullement une utopie, ce n'est même pas une révolution, c'est une simple évolution annoncée par plus d'un signe certain.

De même, et en même temps que le taux de l'intérêt pur, suivant sa marche régulière et forcée vers le zéro qui seul lui est légitimement et logiquement dû et se verra réalisé dans le premier quart du siècle où nous allons entrer ; de même la monnaie, de plus en plus restreinte à des transactions de plus en plus insignifiantes, ne peut manquer d'être remplacée, non pas seulement par le papier, mais par la simple COMPENSATION qui étend de plus en plus sa précieuse et économique simplicité sur toutes les opérations financières. Nous en constatons l'excellent effet dans les Clearing Houses d'Angleterre, des États-Unis, d'Allemagne, de Hollande, etc., enfin dans tous les pays civilisés où les affaires financières sont traitées avec attention et compétence.

Grâce à ce système, dans la très grande majorité des cas, la monnaie métallique et le billet de Banque lui-même deviennent de plus en plus inutiles pour le commerce, l'industrie, la finance, et même pour les particuliers. Il suffit, pour se rendre compte des complications qui résultent de l'usage de la monnaie métallique, de parcourir les différents systèmes exposés dans le *Dictionnaire des Monnaies* que nous présentons aujourd'hui au public dans le but d'amoindrir les principales difficultés qui hérissent les transactions de tout genre par suite de la confusion, de la multiplicité, de la variabilité de ces centaines de pièces de monnaie, assujetties, par leur nature même et en dépit des efforts gouvernementaux, à tant d'incertitudes, d'instabilités et d'aléas.

Si, de 1885 à 1897, la circulation des billets de Banque a augmenté de 16,58 0/0, alors que celle de l'or et des écus de 5 francs baissait respectivement de 11,17 et de 5,41 (1), ce n'est là qu'un acheminement vers le régime de la compensation, mais un acheminement significatif. En effet, cette faveur croissante accordée au billet de Banque français indique, d'une part, que, par sa commodité, le papier doit nécessairement être de plus en plus préféré aux pièces métalliques; mais aussi, d'autre part, que si l'on accorde tant de confiance aux billets émis par la Banque de France, c'est qu'on sait fort bien que ces billets sont basés sur pareille somme en métal qui dort dans les caves de la rue de La Vrillière. Ce billet de Banque, en réalité, n'est donc que du métal déguisé et son intervention n'est encore qu'un premier pas dans la voie du progrès. Il faut un pas de plus pour atteindre une amélioration vraiment importante dans le système de la circulation. Ce nouveau progrès est en train de s'accomplir à l'étranger et il est difficile de s'expliquer la résistance rencontrée en France pour son application, alors qu'elle produit ailleurs de si précieux résultats.

Nous avons bien, il est vrai, une Chambre de compensation à Paris, dirigée par des hommes compétents et d'initiative, mais, faute d'une loi appropriée, les opérations de ce trop modeste établissement restent confinées dans des limites qui l'empêchent d'être d'une utilité publique, générale, comme le Clearing House de Londres. Cette loi, vainement attendue jusqu'ici, ne semble pas près de se faire, à en juger par l'inexplicable opposition — ou plutôt impardonnable ignorance — de ceux qui la repoussent,

---

(1) *Rapport au Ministre des Finances sur la circulation monétaire et financière*, par M. A. Delatour, Conseiller d'État, Directeur du mouvement général des fonds. Paris 1897, Imprimerie Nationale.

soit parce qu'elle léserait leurs intérêts personnels, soit parce qu'elle dérangerait le petit train-train où somnole leur routine, semblable à l'ânier portant jadis, bercé sur sa monture, ses sacs d'écus à la ville ! Cette loi, c'est la clé du système, c'est le sésame de la compensation, c'est la loi sur le *chèque* barré, sans lequel on est condamné à rester dans l'ornière (1).

Afin de donner une idée du mouvement qui s'est produit, d'une part, relativement à la circulation monétaire, de l'autre, en ce qui concerne la compensation, en Angleterre et en France, voici quelques chiffres empruntés : 1° au remarquable Rapport de M. Delatour, déjà cité ; 2° à la statistique du Clearing House de Londres ; 3° à la statistique de la Chambre de compensation des Banquiers de Paris.

Le Rapport de M. Delatour est relatif à l'enquête sur la circu-lation monétaire et fiduciaire en France, à laquelle il fut procédé, conformément aux instructions ministérielles, le 15 septem-bre 1897. Cette enquête est la quatrième depuis celle de 1878, la première en date. Les deux autres eurent lieu en 1885 et en 1891. Le tableau suivant indique le résultat des sommes recensées :

DÉSIGNATION	1878	1885		1891		1897	
	Sommes.	Sommes.	Propor-tion	Sommes.	Propor-tion	Sommes.	Propor-tion
	francs.	francs.	0/0	francs.	0/0	francs.	0/0
Billets de Banque.	»	35.737.720	67,63	97.100.165	80,51	173.358.020	84,21
Monnaies d'or.....	16.878.710	11.890.430	22,44	16.365.080	13,57	23.199.610	11,27
Écus de 5 francs.	6.067.060	5.217.885	9,93	7.133.730	5,92	9.311.370	4,52
Monnaies division-naires..........	»	»	»	»	»	2.968.875	»
Billon............	»	»	»	»	»	213.650	»
Totaux.....	22.445.770	52.846.035	100 »	120.598.975	100 »	205.869.030	100 »

L'enquête de 1878 n'ayant pas porté sur les billets et les en-quêtes de 1878, de 1885, et de 1891 n'ayant embrassé ni les mon-

---

(1) Voyez, à cet égard, notre Dictionnaire financier, aux mots *Chèque barré, Clearing House, Compensation.* Paris 1898, Berger-Levrault et Cie, édit

naies divisionhaires, ni les monnaies de billon, celle de 1897 a produit, par elle-même, les résultats suivants :

	Sommes.	Proportion 0,0.
Billets.	173.358.020 »	82,91
Or.	24.199.640 »	11,10
Écus de 5 francs.	9.311.370 »	4,45
Monnaies divisionnaires. . .	2.968.875 90	1,42
Billon.	243.659 51	0,12
Total égal.	209.081.556 41	100,00

A l'enquête de 1897 ont pris part tous les comptables publics : trésoriers-payeurs généraux, receveurs particuliers, percepteurs, receveurs des Contributions indirectes, des Douanes, de l'Enregistrement, des Postes et Télégraphes, au total 26.000 agents. De plus, la Banque de France, la Banque d'Algérie, le Crédit Foncier de France et les Établissements de crédit qui ont de nombreuses succursales : Crédit Lyonnais, Comptoir national d'Escompte, Société Générale, Crédit Industriel et Commercial.

Les comptables publics ont recensé leurs recettes de la journée (15 septembre) et leurs réserves et encaisses, mais la Banque de France, la Banque de l'Algérie et les Établissements de crédit n'ont tenu compte que de leur recette de la journée, encaisses et réserves ne rentrant pas, jusqu'à un certain point, rigoureusement dans la circulation, particulièrement en ce qui concerne la Banque de France qui, à elle seule, possède en caisse plus de trois milliards.

Au point de vue de la nationalité des espèces d'or et d'argent recensées le 15 septembre 1897, M. Delatour a dressé le tableau que voici :

PAYS	MONNAIES D'OR		PIÈCES DE 5 FRANCS		MONNAIES DIVISIONNAIRES	
	Sommes.	Proportion.	Sommes.	Proportion.	Sommes.	Proportion.
	francs.	0/0	francs.	0/0	Fr. c.	0/0
France	20.284.270	87,40	8.159.935	87,63	2.539.312 50	85,51
Belgique	1.340.390	5,78	296.515	3,18	234.130 50	7,88
Italie.	1.053.340	4,54	798.020	8,57	»	»
Suisse.	35.880	0,15	15.180	0,17	133.147 50	4,48
Grèce	55.320	0,27	41.720	0,45	62.285 40	2,10
Russie	116.600	0,50	»	»	»	»
Autriche.	290.380	1,25	»	»	»	»
Espagne.	19.160	0,08	»	»	»	»
TOTAUX.	23.199.640	100 »	9.311.370	100 »	2.968.875 90	100 »

D'autre part, nous trouvons dans le rapport de M. de Foville, directeur de la Monnaie (2ᵉ année, 1897) un tableau du monnayage de l'or et de l'argent en 1896, qui indique — dit M. de Foville — autant qu'on peut le faire à l'heure présente, les opérations de l'année 1896.

Voici cet intéressant tableau :

TABLEAU DU MONNAYAGE DE L'OR ET DE L'ARGENT EN 1896.

VALEURS NOMINALES

PAYS	OR	ARGENT (1)	TOTAL
	millions	millions	millions
France..	112,5	»	112,5
Colonies Françaises et Protectorats............	»	65,0	65,0
Monaco...	2,0	»	2,0
Italie..	»	»	»
Erythrée......................................	»	7,2	7,2
Belgique..	»	»	»
Suisse..	8,0	»	8,0
Allemagne......................................	130,4	11,1	111,5
Angleterre......................................	120,2	33,2	153,4
Australie.......................................	177,8	»	177,8
Indes Anglaises...............................	»	13,7	13,7
Autres colonies Anglaises.....................	»	59,8	59,8
British dollars...............................	»	33,4	33,4
Autriche-Hongrie...............................	168,2	8,4	176,6
Ducats et thalers de Marie-Thérèse............	8,8	33,6	42,4
Espagne..	»	27,9	27,9
Porto-Rico....................................	»	»	»
Pays-Bas.......................................	»	0,8	0,8
Colonies Hollandaises.........................	»	12,8	12,8
Portugal..	»	9,8	9,8
Roumanie......................................	»	»	»
Russie..	»	101,1	101,1
Etats Scandinaves { Danemark............	»	»	»
Norvège.............	»	0,5	0,5
Suède...............	»	0,6	0,6
Egypte...	»	2,9	2,9
Turquie..	0,3	»	0,3
Etats-Unis d'Amérique.........................	243,7	119,6	363,3
Mexique..	3,2	122,9	125,1
Chili..	26,7	3,3	30,0
Equateur.......................................	»	1,3	1,3
Pérou..	»	14,0	14,0
Maroc..	»	3,0	3,0
Japon..	7,0	95,0	102,0
Totaux............	1,009,8	786,9	1,793,7

(1) L'argent est compté au pair.

En ce qui concerne les stoks monétaires, la Direction des Monnaies des États-Unis s'applique, depuis un certain nombre d'an-

nées, à évaluer les quantités de monnaie — or, argent et papier
— dont disposent les différents États du globe. Le tableau ci-
après, en tenant compte de l'importance des populations, arrive
de la sorte aux moyennes suivantes :

TABLEAU DES QUANTITÉS DE MONNAIES PAR TÊTE

PAYS	OR	ARGENT	PAPIER	TOTAL
	dollars	dollars	dollars	dollars
États-Unis..........................	9,35	8,78	5,90	24,03
Angleterre......	11,86	3,10	2,84	20,80
France...........................	20,10	12,82	2,55	35,17
Allemagne..........................	12,91	3,96	2,41	19,28
Belgique...........................	7,93	9,05	11,51	28,49
Italie	3,25	1,26	5,45	9,96
Suisse............................	5,33	0,70	4,77	10,80
Grèce	0,23	0,68	6,45	7,36
Espagne...........................	2,11	2,74	5,72	10,60
Portugal..........................	1,00	1,45	11,71	14,16
Roumanie	7,15	1,96	2,19	11,30
Serbie............................	0,65	0,74	1,30	2,69
Bulgarie..........................	0,24	2,06	»	2,30
Autriche-Hongrie...................	3,76	1,46	4,59	9,81
Pays-Bas..........................	5,58	11,71	6,77	24,06
Norvège..........	3,75	1,00	1,90	6,65
Suède.....	1,77	1,02	»	2,79
Danemark..........................	7,17	2,35	2,00	11,52
Russie............................	3,88	0,35	3,70	7,93
Turquie...........................	2,27	1,82	»	4,09
Australie...................	25,53	1,43	»	27,95
Égypte	18,47	0,74	»	19,21
Mexique...........................	0,39	7,70	0,32	8,41
Amérique Centrale.... ...	0,09	2,14	1,43	3,66
— du Sud.....	1,11	0,97	15,28	17,36
Japon	1,81	1,99	»	3,80
Inde..............................	»	3,21	0,12	3,33
Chine............................	»	2,08	»	2,08
Établissements des Détroits.....	»	13,68	»	63,68
Canada.....	2,76	1,03	6,03	9,82
Cuba..............................	8,33	0,83	»	9,16
Haïti.............................	4,00	4,50	4,10	12,60
Siam	0,12	38,68	»	38,78
Hawaï.............	40,00	10,00	»	50,00

Enfin, voici, en ce qui concerne le mouvement des chèques
barrés au Clearing House de Londres, un tableau qui donne une
idée de l'immense importance de ces établissements, de l'éco-
nomie qu'ils permettent de réaliser comme temps, comme trans-
port, comme frais, comme manipulation et comme personnel, des
facilités qu'ils procurent au développement des affaires de toute
sorte, et de la sécurité qu'ils assurent puisque tout vol, comme
toute perte devient, grâce à eux, impossible.

	Milliers £ de livres.	Milliers de francs.
1882.	6.221.206	155.530.150
1883.	5.929.404	148.235.100
1884.	5.748.555	111.463.875
1885.	5.511.071	137.776.775
1886.	5.901.925	117.548.125
1887.	6.077.097	151.927.435
1888.	6.942.172	173.554.300
1889.	7.618.766	190.469.150
1890.	7.801.048	195.026.200
1891.	6.847.506	171.187.650
1892.	6.481.048	162.026.200
1893.	6.478.013	161.950.325
1894.	6.337.222	158.430.550
1895.	7.592.886	189.822.150
1896.	7.574.833	189.370.825
1897.	7.491.281	187.282.025
TOTAUX.	106.694.033	2.665.100.825

Donc, pendant ces seize années, il a été compensé, au seul Clearing House de Londres, pour une somme de 106 milliards, 604 millions, 033.000 livres sterling, c'est-à-dire, en francs : 2 trillions, 665 milliards, 100 millions, 825 mille francs, soit une moyenne annuelle de 16.656.880.156, et mensuelle de plus d'un milliard !

Lors des longues discussions qui eurent lieu au sujet du renouvellement du privilège de la Banque de France, expirant avec l'année 1897, des efforts ont été tentés pour obtenir l'organisation, en France, d'une Chambre de compensation sur le modèle des Clearing Houses qui rendent des services si considérables à l'étranger. Malheureusement, ceux qui prirent part à ces discussions, soit ignorance de ce qui réussissait si bien ailleurs, soit mauvaise volonté intéressée, il n'a pas été donné suite à ces projets. « Le public n'en veut pas », disaient les moins prévenus. Comment le public pouvait-il ne pas vouloir d'une institution qu'il ignore ? « Le chèque barré n'est pas dans nos habitudes », ajoutaient-ils. Est-ce qu'il n'appartient pas à ceux qui dirigent nos finances, notre industrie, notre commerce, de faire connaître chez nous les progrès réalisés ailleurs et dont des années d'expérience ont démontré l'utilité et les avantages ? Le public ne voulait pas non plus, jadis, du billet de banque; on le lui a fait accepter cependant, et aujourd'hui il s'accommoderait mal des sacs d'écus que portaient nos pères. Il en serait de même pour le Clearing House et le chèque barré, et si une loi introduisait ce système excellent, on verrait bientôt notre embryonnaire *Chambre de compensation des banquiers de Paris* sortir de la stagnation où la confine l'absence d'une loi relative au chèque barré.

On trouvera cette grave question traitée dans tous ses détails dans notre DICTIONNAIRE FINANCIER INTERNATIONAL. (1).

MONNAYAGE

Le droit de *monnayer*, *frapper monnaie*, c'est-à-dire de fabriquer des pièces de, monnaie ayant cours et valeur libératoire, appartient exclusivement à l'Etat. En France, le seul atelier monétaire existant aujourd'hui est l'Hôtel des Monnaies, quai Conti. Il y en a, il est vrai, un second à Bordeaux, mais la fabrication étant centralisée à Paris, l'atelier de Bordeaux n'est maintenu que comme réserve et à titre de prévoyance (2).

La loi du 31 juillet 1879, entrée en vigueur le 1er janvier 1880, a substitué la régie à l'entreprise pour la fabrication des monnaies. Ce nouveau système a déjà donné d'excellents résultats, à tous égards, entre autres au point de vue économique, car le déficit a déjà diminué de plus d'un million et demi.

Quelques indications pourront paraître intéressantes au sujet de la fabrication des monnaies françaises et de notre système monétaire.

Nous extrayons les suivantes des articles *Monnaies; Monnayage; Fausses Monnaies*, contenus dans notre DICTIONNAIRE FINANCIER INTERNATIONAL, auquel nous renvoyons les lecteurs désireux d'étudier cette question dans tous ses détails (3).

La monnaie étant, comme nous l'avons expliqué ci-dessus, une marchandise, un morceau d'or, d'argent, de bronze, de cuivre, de nickel, en lingot de petite dimension, dont l'Etat garantit le *titre*, ce sont les signes extérieurs de cette monnaie, appliqués par l'Etat, qui en indiquent la valeur. Ces signes sont appliqués

---

(1) Paris, Berger-Levrault et Cie, édit., 1898.
(2) Il y avait autrefois 31 hôtels des monnaies en France. Ils ont été réduits à 15 en 1772, à 7 en 1837 (après diverses variations), enfin aux deux actuels.
(3) Berger-Levrault et Cie, Paris, édit.

au moyen de coins de façon à donner à la monnaie ses caractères distinctifs.

Ces caractères sont :

La *face*, ou *avers*, *effigie*, *droit;*

L'*opposé*, *pile*, ou *revers;*

La *légende*, inscription circulaire entourant la figure;

L'*exergue*, petit espace où doit figurer l'inscription, la date, etc.;

Le *cordon*, contour de la pièce sur l'épaisseur;

Le *millésime*, date de fabrication;

Les *différents*, ou déférents, marques du graveur, du directeur, etc.

*
* *

Le système monétaire français se compose actuellement de 14 pièces, dont 5 d'or, 5 d'argent et 4 de bronze :

Date de création.	Or.	Date de la création.	Argent.	
20 décembre 1851 . .	100 fr.	17 germinal an XI . .	5 fr.	
12 — 1851 . .	50 —	25 mai 1864	2 —	
17 germinal an XI . .	40 —	14 juillet 1866	1 —	
— — . .	20 —	—		50 cent.
3 mars 1848	10 —	—		20 —
12 janvier 1851 . . .	5 —	6 mai 1852 . . . . . Bronze		10 —
				5 —
				2 —
				1 —

Tous les États fabriquent eux-mêmes leurs monnaies, sauf la Belgique et la Hollande où la fabrication a lieu à l'entreprise. En Angleterre, la Banque est intermédiaire forcé entre le public qui apporte les matières premières et l'État qui les convertit en monnaies.

Les caisses publiques sont obligées de recevoir *sans limitation* de quantité, et les particuliers jusqu'à concurrence de 50 francs, les pièces françaises de 1 et 2 francs émises depuis 1866 et celles de 50 et 20 centimes émises depuis 1864. Acceptation facultative pour les particuliers, mais obligatoires aux caisses publiques jusqu'à 100 francs, pour les pièces belges et suisses de 1 fr., 2 fr. et 50 centimes émises depuis 1866, de 1 fr., 2 fr. et 50 centimes du royaume d'Italie émises depuis 1863; celles de Grèce de 1te

2 drachmes, de 50 et 20 lepta émises depuis 1868. Obligation pour les caisses et particuliers de recevoir jusqu'à concurrence de 4 fr. 99 c. dans chaque paiement des pièces quelconques de bronze français (1, 2, 5 et 10 centimes) émises depuis 1852. Tout débiteur doit pour les paiements en argent supérieurs à 500 fr., fournir les sacs à raison de 10 centimes par sac (Décret du 17 novembre 1852). Toute personne qui refuse de recevoir les monnaies non fausses ni altérées, dans ces conditions et selon leur valeur nominative, est passible de 6 à 10 francs d'amende; en cas de récidive, de 5 jours de prison au plus (art. 475 du Code pénal). Il n'existe aucune limite pour les pièces en or de 100, 50, 40 et 20 fr., ni comme montant ni comme millésime, ainsi que pour celles de 10 fr. et 5 fr. depuis 1856.

L'obligation existe pour les caisses publiques, mais l'acceptation est facultative entre particuliers, pour les pièces d'or de 20 fr. de l'ancien royaume de Sardaigne aux effigies de Victor-Emmanuel Ier, Charles-Félix, Charles-Albert et Victor-Emmanuel II; pour les pièces de 100, 50, 20, 10 et 5 fr. de Belgique, de la Grèce, d'Italie aux types de Victor-Emmanuel II et de Humbert Ier, de Suisse, celles de 8 et 4 florins d'Autriche, de 5 et 10 roubles russes, de 100 et 20 fr. de Monaco.

Les pièces fausses présentées aux caisses de l'Etat ne doivent être rendues qu'après avoir été cisaillées (Arr. minist. 1er juin 1818). Sont considérées comme fausses toutes pièces lavées par les acides, fourrées ou autres qui ont perdu les conditions légales de titre et de poids autrement que par le frai; sont considérées comme ayant perdu leur caractère monétaire celles qui ont été volontairement mutilées, percées ou rognées et doivent être refusées.

Les monnaies françaises (1) sont assujetties, sous le rapport de leurs divisions, au système métrique décimal des poids et mesures.

D'après la loi du 18 germinal an III (7 avril 1795), constitutive du système métrique des poids et mesures, l'unité monétaire a pris le nom de *franc*.

La loi du 28 thermidor an III sur les monnaies porte: que l'unité monétaire conserve le nom de *franc;* que le titre de la

---

(1) Ces détails et les tableaux qui suivent ont été revus et modifiés par M. Sudre, sous-directeur honoraire de l'Administration des Monnaies, et sont extraits de l'*Annuaire du bureau des longitudes*, publié par MM. Gauthier-Villars et fils.

monnaie d'argent sera de 9 parties de ce métal et d'une partie
d'alliage; que la pièce de 1 fr. sera à la taille de 5 grammes,
celle de 2 fr. à la taille de 10 grammes, celle de 5 fr. à la taille
de 25 grammes. Les poids et les valeurs de ces monnaies d'argent
sont donc assujettis au principe du système métrique.

Huit ans plus tard, la loi du 7 germinal an IX (28 mars 1803)
répète que 5 grammes d'argent, au titre de 9 dixièmes de fin,
constituent l'unité monétaire sous le nom de *franc*, et ordonne de
frapper des pièces d'or de 20 fr. à la taille de 155 au kilogramme.
Le poids d'une pièce d'or de 20 fr. est donc de 1.000 grammes
divisés par 155, ou de 6 gr. 45161. On admettait alors que les
valeurs de l'or et de l'argent étaient dans le rapport de 15,5 à 1.
Comme 20 fr. d'argent pèsent 100 grammes, la division de ce
poids par 15,5 ou de 1.000 grammes par 155 donne le poids de la
pièce d'or de 20 francs.

Les monnaies dont nous venons de parler et celles qui ont été
frappées depuis sont (1) :

Or.	Argent.	Bronze.
La pièce de 100 fr.	La pièce de 5 fr.	La pièce de 10 c.
— 50	— 2 »	— 5
— 20	— 1, »	— 2
— 10	— 0,50	— 1
— 5	— 0,20	

Ces monnaies sont toutes décimales et comprennent toutes les
monnaies décimales que l'on peut avoir dans l'intervalle de 1 centime à 100 francs.

On remarque d'abord les pièces fondamentales de 1 centime,
10 centimes, 1 fr., 10 fr., 100 fr., dont la valeur va en décuplant
comme dans notre numération. Mais l'échelle décimale n'admet
que les diviseurs 5 et 2 de 10, et

La division de la pièce fondamentale
- 10 fr. par
  - 5 donne 2 fr.
  - 2 — 5
- 100 fr. par
  - 5 donne 20 fr.
  - 2 — 50

La division de la pièce fondamentale
- 10 c. par
  - 5 donne 2 c.
  - 2 — 5
- 1 fr. par
  - 5 donne 20 c.
  - 2 — 50

(1) Elles n'ont pas de dénominations particulières : elles portent le nom de
la valeur qu'elles représentent. On dit une pièce de 10 fr., de 20 fr., de
20 centimes, de 50 centimes, et tous les paiements se font en francs et en
centimes.

On a donc en définitive :

1° Pour *tous* les multiples décimaux du franc, les pièces de 2 fr., 5 fr., 10 fr., 20 fr., 50 fr., 100 fr. ;

2° Pour *toutes* les coupures décimales du franc, les pièces de 1 centime, 2 centimes, 5 centimes, 10 centimes, 20 centimes, 50 centimes (1).

Dans la série des monnaies françaises, on trouve donc le double et la moitié des pièces décimales fondamentales : 1 centime, 10 centimes, 1 fr., 10 fr., 100 fr. La même chose a lieu pour les poids et les mesures de capacité.

Par une loi du 25 mai 1864, la fabrication des pièces de 50 centimes et de 20 centimes a été ordonnée au titre de 835 millièmes de fin. Une autre loi, du 14 juillet 1866, ordonne la fabrication au même titre 835 des pièces de 20 et 50 centimes, et de plus des pièces de 1 fr. et 2 fr. Les pièces de 20 et 50 centimes, de 1 fr. et 2 fr., au titre de 900 millièmes de fin, ont été refondues et employées à la fabrication des nouvelles espèces. Cette disposition, prise en dérogation de la loi régulatrice du 7 germinal an XI, en ce qui concerne seulement le titre de quelques pièces d'argent, n'altère pas l'essence de notre système monétaire dans ses rapports avec le système général des poids et mesures.

Une convention monétaire, conclue le 23 décembre 1865 entre la France, la Belgique, l'Italie et la Suisse, promulguée le 20 juillet 1866, et à laquelle la Grèce a adhéré en 1868, a reçu son exécution du 1er août 1866 au 31 décembre 1879. Cette convention a été suivie d'autres conventions et arrangements dont nous parlons plus loin dans la notice sur l'UNION LATINE.

Les métaux précieux vont des mines ou des établissements métallurgiques dans des centres commerciaux dont les principaux sont : Londres, New-York et Paris, mais surtout Londres. Ils sont affinés ou essayés suivant qu'on désire connaître complètement ou par à peu près leur degré de fin. Les conditions d'admission au monnayage sont variées, mais cette faculté n'est, en général, accordée au public que pour l'obtention de pièces ayant pouvoir libératoire absolu, car l'État seul est maître d'émettre

---

(1) Les anciennes pièces de monnaie de 25 centimes, 75 centimes et 1 fr. 50, qui ne sont pas décimales, ont été retirées successivement de la circulation. La pièce de 40 francs, qui n'est pas non plus décimale, ne se fabrique plus, et la pièce de 3 centimes n'a pas été fabriquée.

des pièces divisionnaires et de billon, et des États de l'Union latine dans les proportions déterminées par les conventions. Le décret du 31 octobre 1879 admet seuls à la Monnaie de Paris : 1° les lingots au titre minimum de 994 millièmes, ou tout au moins à un titre supérieur au titre monétaire s'ils sont reconnus propres au monnayage, et du poids de 6 à 7 kilogr. pour l'or, de 30 à 35 kilogr. pour l'argent; 2° les monnaies étrangères inscrites à un tarif officiel; 3° les ouvrages d'orfèvrerie aux poinçons de titre français. A un bureau dit de change, il est délivré contre les matières versées, un récépissé, au porteur ou nominatif, appelé bon de monnaie (V. ce mot dans le DICTIONNAIRE).

Le droit de fabrication est, en France, de 6 fr. 70 c. pour l'or et de 1 fr. 15 c. par kilogramme d'argent au titre monétaire, sans qu'il soit tenu compte pour les pesées de quantités inférieures à un décigramme pour l'or et à un gramme pour l'argent. Ils sont pour les mêmes quantités de 5 et 1 florins dans les Pays-Bas. L'Allemagne ne perçoit que le droit d'essai de M. 3 par lingot; les États-Unis ne perçoivent que la somme nécessaire aux frais d'alliage. En Angleterre, l'État n'encaisse pas directement les frais de monnayage, mais la Banque prélève une commission de 7 fr. 65 c. par kilogramme d'or, et ne livre les espèces qu'à une époque assez éloignée.

Jusqu'au XVIIe siècle on employa le procédé de la frappe au marteau et du moulage. Le balancier n'est en usage que depuis 1645. Il a été amélioré depuis par tous les perfectionnements de la machine à estamper et à découper à l'emporte-pièce et est devenu la presse monétaire de Thonnelier, produisant sans choc la compression du flan, ainsi que l'application du cordon et fournissant 60 pièces à la minute. La quantité de mélange ou de fonte pour les flans d'une même livraison constitue la brève sur laquelle on prélève la goutte ou pénille, comme échantillon servant au contrôle du titre. La frappe des flans est précédée du laminage qui donne au métal plus de dureté, du découpage, de l'ajustage et du blanchiment, qui consiste à mettre les flans d'or dans un bain d'acide sulfurique et ceux d'argent et de billon dans une dissolution de crème de tartre, pour terminer par le traitement des cendres.

Voici, du reste, la marche suivie pour le travail du monnayage dont les détails sont les mêmes pour les pièces d'or, d'argent et de bronze.

Prenons donc pour exemple le louis d'or et suivons-le depuis son entrée à la Monnaie sous forme du lin g dont il fait partie jusqu'à sa mise en circulation.

On commence par faire fondre les lingots d'or avec le cuivre qui doit entrer dans l'alliage. Cette fusion s'opère dans des creusets de fer battu, contenant environ 1.000 kilogr. de métal. Toute la masse arrive à son point de fusion au bout de quatre ou cinq heures. Il faut, naturellement, bien brasser le bain, pour que l'alliage se fasse exactement, et que le titre soit partout le même dans toute la masse.

Cette opération terminée, on procède au *coulage*. Le bain est versé dans des lingotières aplaties d'une épaisseur déterminée. La largeur de ces lingotières est celle de la pièce qu'on veut obtenir.

L'intérieur des lingotières est huilé. Là, le métal refroidit presque instantanément et il se trouve métamorphosé en lames. Ces lames sont ensuite passées entre les rouleaux du laminoir jusqu'à ce qu'on les ait réduites à l'épaisseur réglementaire de la pièce qu'on veut avoir. Seulement, comme on lamine à froid, on évite les cassures du métal, et on lui rend sa malléabilité en le faisant *recuire*.

Pour ce nouveau travail, on réunit les lames en bottes, comme des asperges, et on les met dans le four à recuire, sur une plaque tournante, ce qui permet une égale distribution de chaleur. On retire les lames quand elles sont arrivées au rouge cerise, et on les laisse refroidir lentement avant de les repasser au laminoir.

Voici donc la bande d'or ayant l'épaisseur réglementaire. Alors un ajusteur y découpe à l'emporte-pièce un flan, c'est-à-dire un rond de métal du diamètre de la pièce à frapper. Ce flan est pesé. Si son poids est supérieur au poids que doit avoir la pièce, on repasse la lame au laminoir, ou, si l'on a beaucoup de flans, on se sert du *rabot*, qui enlève une faible épaisseur du disque d'or. Si le flan d'essai est inférieur au poids réglementaire, la lame est refondue. Si le poids est *droit*, la lame est livrée au découpeur, qui peut dans un jour découper 18.000 monnaies.

Le tri des flans une fois terminé, on les *cordonne*, c'est-à-dire qu'on retouche la tranche et qu'on relève les bords du flan, pour rendre la frappe plus aisée.

Il faut ensuite faire subir aux flans un *blanchiment* néces-

saire, car toutes les opérations précédentes les ont énormément
salis. Pour cela, on les recuit encore, puis quand ils sont au
rouge cerise, on les plonge dans un bain d'eau contenant 1/100
d'acide nitrique. Pour les pièces d'argent, on met dans l'eau un
peu d'acide sulfurique. On les agite dans ce bain pendant dix
minutes, on recommence cette opération, y compris la cuisson,
une seconde fois, puis on *sèche* avec des précautions infinies. Les
flans d'or sont essuyés avec un linge bien sec; les flans de bronze
sont séchés dans la sciure de bois. Puis on procède à une seconde
vérification : on les pèse, on rejette ceux dont le poids et l'aspect
sont défectueux, après quoi les flans retenus sont prêts pour le
monnayage proprement dit.

Ce monnayage c'est la frappe pour laquelle ont été préparés et
exécutés d'autre part les poinçons, coins et matrices dus au talent des dessinateurs et des graveurs spéciaux, qui a lieu d'un
seul coup pour les deux côtés de la pièce, et qui constitue la dernière phase de fabrication des pièces de monnaie. Il ne reste plus
qu'à les vérifier, peser, examiner, et à les livrer au public.

UNION LATINE

La convention monétaire, connue sous la dénomination d'UNION LATINE, a été conclue le 23 décembre 1865 entre la France, la Belgique, l'Italie et la Suisse, promulguée le 20 juillet 1866 et mise en exécution dès le 1er août 1866. La Grèce y a adhéré en 1868. Mais depuis, plusieurs autres conventions et modifications ont été conclues entre ces puissances.

Voici ces diverses conventions :

1° Convention monétaire du 23 décembre 1865.

ART. 1er. — La France, la Belgique, l'Italie et la Suisse sont constituées à l'état d'union pour ce qui regarde le poids, le titre, le module et le cours de leurs espèces monnayées d'or et d'argent.

Il n'est rien innové, quant à présent, dans la législation relative à la monnaie de billon, pour chacun des quatre Etats.

ART. 2. — Les hautes parties contractantes s'engagent à ne fabriquer ou laisser fabriquer, à leur empreinte, aucune monnaie d'or dans d'autres types que ceux des pièces de cent francs, de cinquante francs, de vingt francs, de dix francs et de cinq francs,

déterminés, quant au poids, au titre, à la tolérance et au diamètre, ainsi qu'il suit :

NATURE des pièces.	POIDS		TITRE		DIAMÈTRE
	Poids droits.	Tolérance.	Titre droit.	Tolérance.	
	Fr. Grammes.	Millièmes.	Millièmes.	Millièmes.	Millimètres.
Or. . . .	100 32,25806	1			35
	50 16,12903				28
	20 6,45161		900	2	21
	10 3,22580	2			19
	5 1,61290	3			17

Elles admettront sans distinction dans leurs caisses publiques
les pièces d'or fabriquées sous les conditions qui précèdent, dans
l'un ou l'autre des quatre Etats, sous réserve, toutefois, d'exclure
les pièces dont le poids aurait été réduit par le frai d'un demi
pour cent au-dessous des tolérances indiquées ci-dessus, ou dont
les empreintes auraient disparu.

ART. 3. — Les gouvernements contractants s'obligent à ne
fabriquer ou laisser fabriquer de pièces d'argent de cinq francs
que dans les poids, titre, tolérance et diamètre déterminés ci-
après :

POIDS		TITRE		DIAMÈTRE
Poids droits.	Tolérance.	Titre droit.	Tolérance.	
25 grammes.	3 millièmes.	900 millièmes.	2 millièmes.	37 millimètres.

Ils recevront réciproquement lesdites pièces dans leurs caisses
publiques, sous la réserve d'exclure celles dont le poids aurait
été réduit par le frai de un pour cent au-dessous de la tolérance
indiquée plus haut, ou dont les empreintes auraient disparu.

ART. 4. — Les hautes parties contractantes ne fabriqueront
désormais de pièces d'argent de deux francs, d'un franc, de cin-

quante centimes et de vingt centimes, que dans les conditions de
poids, de titre, de tolérance et de diamètre déterminées ci-après :

NATURE des pièces.	POIDS		TITRE		DIAMÈTRE
	Poids droits.	Tolérance.	Titre droit.	Tolérance.	
Fr. c.	Grammes.	Millièmes.	Millièmes.	Millièmes.	Millimètres.
Argent. . 2 »	10 »	5	835	3	27
1 »	5 »				23
» 50	2,50	7			18
» 20	1 »	10			16

Ces pièces devront être refondues par les gouvernements qui
les auront émises, lorsqu'elles seront réduites par le frai de cinq
pour cent au-dessous des tolérances indiquées ci-dessus, ou
lorsque leurs empreintes auront disparu.

ART. 5. — Les pièces d'argent de deux francs, d'un franc, de
cinquante centimes et de vingt centimes, fabriquées dans des
conditions différentes de celles qui sont indiquées en l'article
précédent, devront être retirées de la circulation avant le 1er janvier 1869.

Ce délai est prorogé jusqu'au 1er janvier 1878 pour les pièces
de deux francs et d'un franc émises en Suisse, en vertu de la loi
du 31 janvier 1860.

ART. 6. — Les pièces d'argent fabriquées dans les conditions
de l'article 4 auront cours légal, entre les particuliers de l'État
qui les a fabriquées, jusqu'à concurrence de cinquante francs
pour chaque paiement.

L'État qui les a mises en circulation les recevra de ses natio-
naux sans limitation de quantité.

ART. 7. — Les caisses publiques de chacun des quatre pays
accepteront les monnaies d'argent fabriquées par un ou plusieurs
des autres États contractants, conformément à l'article 4, jusqu'à
concurrence de cent francs pour chaque paiement fait auxdites
caisses.

Les gouvernements de Belgique, de France et d'Italie recevront dans les mêmes termes, jusqu'au 1er janvier 1878, les pièces
suisses de deux francs et d'un franc émises en vertu de la loi du

31 janvier 1860, et qui sont assimilées, sous tous les rapports, pendant la même période, aux pièces fabriquées dans les conditions de l'article 4.

Le tout sous les réserves indiquées en l'article 4, relativement au frai.

ART. 8. — Chacun des gouvernements contractants s'engage à reprendre des particuliers ou des caisses publiques des autres Etats les monnaies d'appoint en argent qu'il a émises et à les échanger contre une égale valeur de monnaie courante (pièces d'or ou pièces de cinq francs d'argent), à condition que la somme présentée à l'échange ne sera pas inférieure à cent francs. Cette obligation sera prolongée pendant deux années à partir de l'expiration du présent traité.

ART. 9. — Les hautes parties contractantes ne pourront émettre des pièces d'argent de deux francs, d'un franc, de cinquante centimes et de vingt centimes, frappées dans les conditions indiquées par l'article 4, que pour une valeur correspondant à six francs par habitant.

Ce chiffre, en tenant compte des derniers recensements effectués dans chaque Etat et de l'accroissement présumé de la population jusqu'à l'expiration du traité, est fixé :

Pour la France, à .... 239.000.000 fr.
Pour la Belgique, à 32.000.000
Pour l'Italie, à 141.000.000
Pour la Suisse, à 17.000.000

Sont imputées sur les sommes ci-dessus, que les gouvernements ont le droit de frapper, les valeurs déjà émises :

Par la France, en vertu de la loi du 25 mai 1864, en pièces de cinquante et de vingt centimes, pour environ seize millions;

Par l'Italie, en vertu de la loi du 24 août 1862, en pièces de deux francs, un franc, cinquante centimes et vingt centimes, pour environ cent millions;

Par la Suisse, en vertu de la loi du 31 janvier 1860, en pièces de deux francs et d'un franc, pour dix millions cinq cent mille francs.

ART. 10. — Le millésime de fabrication sera inscrit désormais sur les pièces d'or et d'argent frappées dans les quatre Etats.

Art. 11. — Les gouvernements contractants se communique-
ront annuellement la quotité de leurs émissions de monnaies d'or
et d'argent, l'état du retrait et de la refonte de leurs anciennes
monnaies, toutes les dispositions et tous les documents administratifs relatifs aux monnaies.

Ils se donneront également avis de tous les faits qui intéressent
la circulation réciproque de leurs espèces d'or et d'argent.

Art. 12. — Le droit d'accession à la présente convention est
réservé à tout autre Etat qui en accepterait les obligations et qui
adopterait le système monétaire de l'Union, en ce qui concerne
les espèces d'or et d'argent.

Art. 13. — L'exécution des engagements réciproques contenus
dans la présente convention est subordonnée, en tant que de be-
soin, à l'accomplissement des formalités et règles établies par les
lois constitutionnelles de celles des hautes parties contractantes
qui sont tenues d'en provoquer l'application, ce qu'elles s'obligent
à faire dans le plus bref délai possible.

Art. 14. — La présente convention restera en vigueur jusqu'au
1er janvier 1880. Si, un an avant ce terme, elle n'a pas été dénoncée, elle demeurera obligatoire de plein droit pendant une
nouvelle période de quinze années, et ainsi de suite, de quinze ans
en quinze ans, à défaut de dénonciation.

2° Convention du 5 novembre 1878.

Cette deuxième convention n'a, comme clause importante, que
celle qui suspend provisoirement le monnayage des pièces de
5 francs. Les clauses sont d'ailleurs reproduites dans la troisième
convention du 6 novembre 1885 signée par la France, l'Italie, la
Grèce et la Suisse, puis par la Belgique, et qui est entrée en
vigueur le 1er janvier 1886.

Divers autres pays, notamment l'Espagne, la Bulgarie, la
Roumanie, la Serbie et la plupart des Républiques de l'Amérique
du Sud, ont adopté le même système monétaire. En Europe,
l'Autriche-Hongrie, le grand-duché de Finlande, la Russie depuis 1886, frappent des pièces d'or au même poids et au même
titre que les pièces de 20 francs.

3° **Convention du 6 novembre 1885.**

ART. 1er. — La France, la Grèce, l'Italie et la Suisse demeurent constituées à l'état d'union pour ce qui regarde le titre, le poids, le diamètre et le cours de leurs espèces monnayées d'or et d'argent (1).

ART. 2. — Les types des monnaies d'or frappées à l'empreinte des Hautes Parties contractantes sont ceux des pièces de cent francs, de cinquante francs, de vingt francs, de dix francs et de cinq francs, déterminés, quant au titre, au poids, à la tolérance et au diamètre, ainsi qu'il suit :

(Voir convention du 23 décembre 1865.)

Les gouvernements contractants admettront sans distinction dans leurs caisses publiques les pièces d'or fabriquées sous les conditions qui précèdent, dans l'un ou l'autre des cinq Etats, sous réserve, toutefois, d'exclure les pièces dont le poids aurait été réduit par le frai d'un demi pour cent au-dessous des tolérances indiquées ci-dessus, ou dont les empreintes auraient disparu.

ART. 3. — Le type des pièces d'argent de cinq francs frappées à l'empreinte des Hautes Parties contractantes est déterminé quant aux titre, poids, tolérance et diamètre, ainsi qu'il suit :

(Voir convention du 23 décembre 1865.)

Les gouvernements contractants recevront réciproquement dans leurs caisses publiques lesdites pièces d'argent de cinq francs.

Chacun des États contractants s'engage à reprendre des caisses publiques des autres États les pièces d'argent de cinq francs dont le poids aurait été réduit par le frai de 1 pour 100 au-dessous de la tolérance légale, pourvu qu'elles n'aient pas été frauduleusement altérées ou que les empreintes n'aient pas disparu.

En France, les pièces d'argent de 5 francs seront reçues dans les caisses de la Banque de France pour le compte du Trésor, ainsi qu'il résulte des lettres échangées entre le gouvernement

---

(1) La Belgique a adhéré à la convention du 6 novembre 1885 par un acte additionnel signé le 12 décembre 1885.

français et la Banque de France à la date des 31 octobre et 2 novembre 1885 et annexées à la présente convention.

Cet engagement est pris pour la durée de la convention telle qu'elle a été fixée par le paragraphe 1er de l'article 13 et sans que la Banque soit liée au delà de ce terme par l'application de la clause de tacite réconduction prévue au paragraphe 2 du même article.

Dans le cas où les dispositions concernant le cours légal des pièces d'argent de 5 francs frappées par les autres États de l'Union seraient supprimées, soit par la Grèce, soit par l'Italie, soit par la Suisse, pendant la durée de l'engagement pris par la Banque de France, la puissance ou les puissances qui auront rapporté ces dispositions prennent l'engagement que leurs banques d'émission recevront les pièces d'argent de 5 francs des autres États de l'Union, dans des conditions identiques à celles où elles reçoivent les pièces d'argent de 5 francs frappées à l'effigie nationale.

Deux mois avant l'échéance du terme assigné pour la dénonciation de la convention, le gouvernement français devra faire connaître aux États de l'Union si la Banque de France est dans l'intention de continuer ou de cesser d'exécuter l'engagement ci-dessus relaté. A défaut de cette communication, l'engagement de la Banque de France sera soumis à la clause de tacite réconduction.

Art. 4. — Les Hautes Parties contractantes s'engagent à ne fabriquer des pièces d'argent de 2 francs, de 1 franc, de 50 centimes et de 20 centimes que dans les conditions de titre, de poids, de tolérance et de diamètre déterminées ci-après.

(Voir convention du 23 décembre 1865.)

Art. 5. — (Voir article 6 de la convention de 1865.)

Art. 6. — Les caisses publiques de chacun des quatre pays accepteront les monnaies d'argent fabriquées par un ou plusieurs des autres États contractants, conformément à l'article 4, jusqu'à concurrence de 100 francs pour chaque paiement fait auxdites caisses.

Art. 7. — Chacun des gouvernements contractants s'engage à reprendre des particuliers ou des caisses publiques des autres États les monnaies d'appoint en argent qu'il a émises et à les échanger contre une égale valeur de monnaie courante en pièces d'or ou d'argent, fabriquées dans les conditions des articles 2 et 3, à condition que la somme présentée à l'échange ne sera pas inférieure à 100 francs. Cette obligation sera prolongée pendant deux années à partir de l'expiration de la présente convention.

ART. 8. — Le monnayage des pièces d'or fabriquées dans les conditions de l'article 2, à l'exception de celui des pièces de 5 francs d'or qui demeure provisoirement suspendu, est libre pour chacun des Etats contractants. Le monnayage des pièces de 5 francs d'argent est provisoirement suspendu. Il pourra être repris lorsqu'un accord unanime se sera établi, à cet égard, entre tous les Etats contractants.

Toutefois, si l'un des Etats voulait reprendre la frappe libre des pièces de 5 francs d'argent, il en aurait la faculté, à la condition d'échanger ou de rembourser, pendant toute la durée de la présente convention, en or et à vue, aux autres pays contractants, sur leur demande, les pièces de 5 francs d'argent frappées à son effigie et circulant sur leur territoire. En outre, les autres Etats seraient libres de ne plus recevoir les écus de l'Etat qui reprendrait la frappe desdites pièces.

L'Etat qui voudra reprendre ce monnayage devra, au préalable, provoquer la réunion d'une conférence avec ses coassociés, pour régler les conditions de cette reprise, sans cependant que la faculté mentionnée au paragraphe précédent soit subordonnée à l'établissement d'un accord et sans que les conditions d'échange et de remboursement stipulées au même paragraphe puissent être modifiées.

A défaut d'entente et tout en conservant le bénéfice des stipulations qui précèdent vis-à-vis de l'Etat qui reprendrait la frappe libre des pièces de 5 francs d'argent, la Suisse se réserve la faculté de sortir de l'Union avant l'expiration de la présente convention.

Cette faculté est toutefois subordonnée à la double condition : 1° que, pendant quatre ans à partir de l'entrée en vigueur de la présente convention, l'article 14 et l'arrangement-annexe ne seront pas applicables vis-à-vis des Etats qui n'auraient pas repris la frappe libre des pièces de 5 francs d'argent; et 2° que les monnaies d'argent desdits Etats continueront, pendant la même période, à circuler en Suisse, conformément aux stipulations de la présente convention. De son côté, la Suisse s'engage à ne pas reprendre, pendant la même période de quatre ans, la frappe libre des pièces de 5 francs d'argent.

Le gouvernement fédéral suisse est autorisé à faire procéder à la refonte des anciennes émissions des pièces suisses de 5 francs d'argent jusqu'à concurrence de 10 millions de francs, mais à charge par lui d'opérer à ses frais le retrait des anciennes pièces.

Art. 9. — Les Hautes Parties contractantes ne pourront émettre des pièces d'argent de 2 francs, de 1 franc, de 50 centimes et de 20 centimes, frappées dans les conditions indiquées par l'article 4, que pour une valeur correspondant à 6 francs par habitant. Ce chiffre, en tenant compte des derniers recensements effectués dans chaque État, est fixé (1) :

Pour la France, l'Algérie et les colonies, à.   256.000.000 fr.
Pour la Grèce, à. . . . .   15.000.000 —
Pour l'Italie, à. . . .˙ . . . .   182.000.000 —
Pour la Suisse, à . . . .   19.000.000 —

Seront imputées sur les sommes ci-dessus les quantités déjà émises jusqu'à ce jour par les États contractants.

Le gouvernement italien est exceptionnellement autorisé à faire fabriquer une somme de 20 millions en pièces divisionnaires d'argent, cette somme étant destinée à assurer le remplacement des anciennes monnaies par des pièces frappées dans les conditions de l'article 4 de la présente convention.

Le gouvernement fédéral suisse est autorisé, à titre exceptionnel, eu égard aux besoins de la population, à faire fabriquer une somme de 6 millions en pièces divisionnaires d'argent.

Le gouvernement français est également autorisé, à titre exceptionnel, à procéder, jusqu'à concurrence de 8 millions de francs, à la refonte, en pièces divisionnaires d'argent, des monnaies pontificales précédemment retirées de la circulation.

Art. 10. — Le millésime de la fabrication sera inscrit, en conformité rigoureuse avec la date du monnayage, sur les pièces d'or et d'argent frappées dans les quatre États.

Art. 11. — Le gouvernement de la République française accepte la mission de centraliser tous les documents administratifs et statistiques relatifs aux émissions de monnaies, à la production et à la consommation des métaux précieux, à la circulation monétaire, à la contrefaçon et à l'altération des monnaies. Il les

(1) Le chiffre attribué à la Belgique est fixé à 35.800.000 francs.

communiquera aux autres gouvernements, et les pays contractants aviseront de concert, s'il y a lieu, aux mesures propres à donner à ces renseignements toute l'exactitude désirable, comme à prévenir les contrefaçons et altérations de monnaies et à en assurer la répression.

ART. 12. — Toute demande d'accession à la présente convention faite par un État qui en accepterait les obligations et qui adopterait le système monétaire de l'Union, ne peut être accueillie que du consentement unanime des Hautes Parties contractantes.

Celles-ci s'engagent à retirer ou à refuser le cours légal aux pièces d'argent de 5 francs des États ne faisant pas partie de l'Union. Ces pièces ne pourront être acceptées ni dans les caisses publiques ni dans les banques d'émission.

ART. 13. — La présente convention, exécutoire à partir du 1er janvier 1886, restera en vigueur jusqu'au 1er janvier 1891. Si, un an avant ce terme, elle n'a pas été dénoncée, elle sera prorogée de plein droit, d'année en année, par voie de tacite reconduction et continuera d'être obligatoire pendant une année, à partir du 1er janvier qui suivra la dénonciation.

ART. 14. — En cas de dénonciation de la présente convention, chacun des États contractants sera tenu de reprendre les pièces de 5 francs en argent qu'il aurait émises et qui se trouveraient dans la circulation ou dans les caisses publiques des autres États, à charge de payer à ces États une somme égale à la valeur nominale des espèces reprises, le tout dans des conditions déterminées par arrangement spécial qui demeurera annexé à la présente convention.

ART. 15. — La présente convention sera ratifiée ; les ratifications en seront échangées à Paris le plus tôt que faire se pourra et, au plus tard, le 30 décembre 1885 (1).

Le tableau suivant présente toutes les conditions légales que doivent remplir nos monnaies d'or, d'argent et de bronze, ainsi

_____

(1) On trouvera ci-après (p. XLV), un tableau synoptique résumant toutes les conditions que doivent remplir les monnaies d'or et d'argent frappées en vertu de la convention de 1878. Nous devons dire ici que la tolérance exprimée en millièmes, dans les trois tableaux (p. XXXVI et XXXVII), est admise tant en dehors qu'en dedans.

NATURE ET VALEUR des pièces		VALEUR intrinsèque du kilogramme de matières		Retenue par kilogramme sur la matière au titre de 900 millièmes pour frais de fabrication	PRIX du kilogramme des matières d'après le tarif du change		Diamètre des pièces	Nombre des pièces par kilogramme	POIDS LÉGAL d'une pièce			TITRE légal	TOLÉRANCES de titre	TOLÉRANCES de poids par kilogramme	TOLÉRANCES de poids par pièces en dessus et en dessous
Valeur nominale (fr.)	Valeur au tarif	à 1000 millièmes	à 900 millièmes		à 1000 millièmes	à 900 millièmes	(mm.)		Poids droit	Limite du poids fort	Limite du poids faible				
Or.		fr. c. 3444,44 (or.)	fr. c. 3100,00	fr. c. 6,70	fr. c. 3437,00	fr. c. 3093,30						900	1 millième en dessus et 1 millième en dessous.		mgr.
100	fr. c. 99,7889						35	31	gr. 32,25806	gr. 32,29031	gr. 32,22581			gr. 1	32,258
50	49,8919						28	62	16,12903	16,14565	16,11291			1	16,129
20	19,9568						21	155	6,45161	6,46451	6,43871			2	12,902
10	9,9784						19	310	3,22580	3,23225	3,21935			2	6,450
5	4,9892						17	620	1,61290	1,61774	1,60806			2	4,836
Argent.		222,22 (argent).	200,00	1,50	220,56	198,50						900	2 millièmes en dessus et 2 millièmes en dessous.	3	75
5	4,9625						37	40	25,000	25,075	24,925				
2	1,8416						27	100	10,000	10,050	9,950	835	3 millièmes en dessus et 3 millièmes en dessous.	5	50
1	0,9208						23	200	5,000	5,025	4,975			5	25
50	0,4604						18	400	2,500	2,5175	2,4825			5	17,500
20	0,1842						16	1000	1,000	1,010	0,990			10	10
Bronze.		(185,56).	(185,56).		(184,16).							Cuivre. 95 Étain.. 4 Zinc... 1 ——— 100	1 0/0		
10							30	100	10,000	10,100	9,900		1/2 0/0	10	10
05							25	200	5,000	5,050	4,950			10	50
02							20	500	2,000	2,020	1,970			15	30
01							15	1000	1,000	1,015	0,985			15	15

(1) Matières à 888 millièmes.

(2) Dans les monnaies françaises d'or et d'argent (sauf les pièces divisionnaires d'argent) frappées au titre de 835 millièmes, la valeur intrinsèque est la même que la valeur nominale.

que les renseignements concernant la fabrication des pièces françaises. Il indique : 1° la valeur intrinsèque des matières ; 2° la retenue (exercée par kilogramme) au titre de 900 millièmes pour frais de fabrication ; 3° le prix des matières versées au change pour être converties en monnaie ; 4° la valeur nominale ou réelle, c'est-à-dire sans retenue, et la valeur, déduction faite de la retenue pour frais de fabrication, des pièces fabriquées ; 5° le diamètre des pièces ; 6° la taille ou le nombre des pièces frappées dans 1 kilogramme ; 7° le poids droit légal des pièces ainsi que les limites de poids qu'elles peuvent atteindre, soit au-dessus, soit au-dessous des tolérances accordées ; 8° le titre droit légal des pièces ; 9° les tolérances de titre et de poids résultant des dispositions législatives.

5° Enfin un nouvel arrangement a été conclu entre les puissances de l'Union latine le 29 octobre 1897, et voté par la Chambre des députés le 29 novembre 1897.

Cet arrangement présente les modifications suivantes :

Augmentation des contingents :

France.	130.000.000	francs
Italie	30.000.000	—
Belgique.	6.000.000	—
Suisse	3,000,000	—

En ce qui concerne la base des contingents établie sur la population, cette base est élevée de 6 à 7 francs.

La France pourra frapper :

Avec des lingots.	3.000.000	francs.
— écus.	127.000.000	—

FAUSSE MONNAIE

Indépendamment de la catégorie des pièces qui n'ont pas ou qui n'ont plus cours, soit comme étant étrangères non admises, démonétisées, mutilées, percées, *paillées*, c'est-à-dire dont une *paille* arrête la vibration et par conséquent éteint le son, toutes pièces qui n'ont plus d'autre valeur que celle du métal dont elles sont faites, il faut encore compter avec la catégorie des pièces fabriquées par les faussaires et qui sont souvent plus difficiles à reconnaître que celles de la première catégorie.

La baisse de l'argent devait naturellement mettre en éveil les faux monnayeurs, puisque la pièce de 5 francs, qui vaut 5 francs comme monnaie, ne vaut, au cours d'aujourd'hui 30 janvier 1898 (perte p. 1.000 : 560) qu'un peu plus de 2 francs. Quoi de plus simple, en présence d'une telle cote, que de fabriquer des pièces de 5 francs identiques à celles que frappe la Monnaie et de réaliser, en les écoulant, le bénéfice résultant de l'écart entre les 2 francs environ d'argent que ces pièces contiennent, augmentés du prix de fabrication, et les 5 francs qu'on obtiendra en échange? En d'autres termes, la *matière première* d'une pièce de 5 fr. valant environ 2 fr. 20 c. et son *prix de vente* étant de 5 fr., le bénéfice résultera de cette large marge laissée entre 2 fr. 20 c. et 5 francs, c'est-à-dire 2 fr. 80 c. Ce problème, facile à résoudre, fut en effet résolu, et son application fut faite en grand, aussi bien en France qu'à l'étranger. Les coins sont faux, cela va sans dire, mais il était facile de les fabriquer de tous points semblables à ceux qu'emploie la Monnaie. Aussi les pièces ainsi fabriquées ne peuvent-elles être distinguées de celles légitimement nées quai Conti : ce sont des enfants naturels... et il n'en manque pas! Mais comme chaque pièce de monnaie ne peut avoir, comme chaque billet de banque, son état civil et ne peut être numérotée et spécialement désignée par une indication individuelle, il en résulte qu'avec la perfection des outillages actuels il devient impossible de distinguer la pièce *légitime* de la pièce *naturelle* lorsque celle-ci est composée identiquement des mêmes éléments que celle-là et mathématiquement calquée sur le même modèle.

Or, le bénéfice réalisé par cette fabrication clandestine est considérable puisqu'il atteint 1 fr. 75 c. par pièce de 5 francs, soit 35 p. 100.

Quand aux pièces divisionnaires d'argent, leur fabrication de contrebande en argent est peu pratiquée : le bénéfice serait trop minime. Nous rentrons alors avec elles dans la catégorie des pièces *véritablement fausses*, c'est-à-dire où le métal qui doit les constituer est remplacé par un bas métal. Plus ou moins bien fabriquées, elles sont le plus généralement faciles à reconnaître au poids, à la couleur de plomb gris sale, à leur toucher glissant et comme savonneux.

Mais c'est dans la fabrication de la pièce d'or de 20 francs, ou napoléon, de la livre sterling, etc., que l'art du faussaire atteint son plus haut point de perfection et d'ingéniosité. Leur prix de revient est fort élevé, car il atteint en moyenne 10 francs par pièce, et même brisées, les morceaux en sont encore bons, puisqu'elles valent, au prix des métaux qui les composent, 8 francs.

Quels sont donc ces métaux ? Le platine et l'or. Toute autre composition est trop grossière et a été abandonnée.

Ces pièces ont le poids légal à 2 *milligrammes* près. La plupart sont à l'effigie de Napoléon III, laurée ou non laurée. Il en existe aussi de 1873 à 1878, mais en moins grand nombre, car il est toujours plus facile, bien que cela paraisse bizarre, de fabriquer une vieille pièce qu'une neuve.

Quant aux pièces de 10 francs il n'y en a presque pas.

Voici quelques-uns des signes principaux qui permettent de s'assurer qu'une pièce de 20 francs est fausse :

Pièces non couronnées. — Le son est plus argentin, plus clair que celui des bonnes pièces. Sur la tranche, les mots « Dieu protège la France » sont presque illisibles; les caractères sont comme hachés. L'effigie manque de relief; la raie des cheveux forme une barre trop accentuée, la face est trop pleine, l'oreille trop écrasée, la barbiche relevée en pointe au lieu de tomber droit. Les lettres de l'exergue sont plus petites. Au verso de la pièce, le chiffre 20 francs est plus gros et les armes manquent de relief.

Pièces couronnées. — La tête de l'empereur est plus courte; les feuilles de la couronne sont plus épaisses. Mêmes défectuosités que pour les précédentes.

Pièces de la République. — Sur la face, la jambe droite du génie semble cassée et présente une légère solution de continuité.

Il faut en somme avoir l'œil très exercé pour percevoir toutes ces irrégularités. Le point faible de cette falsification réside tout entier dans le peu d'épaisseur de la couche d'or qui revêt le platine. Cette couche s'use dès les premiers frottements et laisse apparaître la couleur blanche du platine sur les arêtes de la tranche. La tranche, voilà donc ce qu'il faut examiner, ainsi que les lettres de la tranche.

Ces pièces fausses de 20 francs à base de platine sont, naturellement, coupées aux guichets des grandes administrations.

Il existe aussi des pièces de 20 francs à base de cuivre, mais leur poids — d'un tiers trop léger — et leur fabrication grossière les signalent à première vue.

Enfin, signalons — outre les diverses combinaisons de plomb, de cuivre, de zinc par lesquelles on donne bien l'aspect et le son, mais non le poids — la pièce *fourrée*, c'est-à-dire dont les surfaces (face, revers et tranche) ont été délicatement découpées sur une épaisseur très minime pour remplacer le métal précieux qu'elles renfermaient par une composition calculée de façon à obtenir le poids voulu : ce sont ces pièces-là qui se glissent le plus facilement parmi celles de bon aloi et qui même parviennent souvent à triompher d'un examen attentif.

La principale conditions à examiner étant le poids, nous donnons, dans le tableau suivant, le *poids droit* légal des pièces françaises d'or et d'argent avec les limites du poids fort et du poids faible en grammes.

TABLEAU :

	Pièces.	Droit.	Fort.	Faible.
Or	100 fr.	32,25	32,29	32,22
	50	16,13	16,11	16,11
	20	6,45	6,46	6,11
	10	3,22	3,23	3,21
	5	1,612	1,617	1,608
Argent	5 fr.	25	25,07	24,92
	2	10	10,05	9,95
	1	5	5,02	4,97
	» 50 c.	2,50	2,52	2,48
	» 20	1	1,01	0,99

LES ATELIERS MONÉTAIRES

DU MONDE ENTIER

NOMENCLATURE GÉNÉRALE

Afghanistan. — Kaboul.
Allemagne. — Berlin ; Munich; Müldener-Hütte (ci-devant Dresde);
  Stuttgard ; Carlsruhe ; Hambourg.
Amérique centrale. — V. SALVADOR.
Angleterre. — Londres ; Birmingham.
Argentine (République). — Buenos-Ayres.
Australie. — Melbourne ; Perth ; Sydney.
Autriche. — Vienne ; Kremnitz.
Belgique. — Bruxelles.
Bolivie. — Potosi.
Chili. — Santiago.
Colombie. — Bogota.
Corée. — Chemulpo.
Costa-Rica. — San José.
Danemark. — Copenhague.
Égypte. — Alexandrie.
Espagne. — Madrid.
État-Unis d'Amérique. — Philadelphie ; Carson (Nev.); San Fran-
  cisco ; New-Orleans
France. — Paris ; Bordeaux.
Guatemala.
Havaï. — Honolulu.
Hollande. — Utrecht.
Honduras. — Comayagua.

Indes anglaises. — Bombay ; Calcutta

Italie. — Rome.

Japon. — Osaka.

Mexique. — Onze ateliers : Mexico ; Durango ; Guadalajaro ; Gua-
nognato ; Oaxaca, etc.

Norvège. — Stockholm.

Pérou. — Lima.

Perse. — Tcheran.

Philippines. — Manille.

Portugal. — Lisbonne.

Roumanie. — Bucarest.

Russie. — Saint-Pétersbourg.

Salvador. — Salvador.

Siam. — Bangkok.

Suède. — Christiania.

Suisse. — Berne.

Turquie. — Constantinople

AVERTISSEMENT

La valeur en francs et centimes que nous donnons, tant dans le DICTIONNAIRE même que dans les tableaux des différents systèmes monétaires adoptés par les pays étrangers, a pour base le *pair monétaire* et non le *pair au tarif*.

Le *pair monétaire*, ou *pair du change*, est le taux auquel les diverses monnaies comparées entre elles donnent une égale quantité de métal fin et, par conséquent, s'échangent sans prime ni perte. Ainsi une livre sterling est dite *au pair* lorsqu'on donne pour la recevoir, ou lorsqu'on reçoit pour la donner 25 francs 22 centimes. Ce genre de parité est le *pair monétaire*.

Le *pair au tarif* est le taux auquel l'Hôtel des Monnaies, en France, achète le métal pur, taux légèrement inférieur à celui du pair monétaire, par suite de la retenue faite par notre atelier monétaire pour frais de fabrication.

Pour l'or, le pair monétaire est établi à raison de 3.444 fr. 44 le kilogramme pur, ce qui correspond exactement à 3.100 francs par kilogramme à 900/1.000 ; le pair au tarif est à 3.437 francs.

Pour l'argent, le pair monétaire est à 222 fr. 22 le kilogramme pur et le pair au tarif à 220 fr. 56 ; mais, par suite de la baisse de l'argent métal, ce pair nécessite une correction basée sur le cours de l'argent pour le ramener au pair réel monétaire. Voici la formule qui permet d'établir ce pair réel.

L'argent, par une anomalie bizarre, se cotant sur le marché français d'après la base arbitraire de 218 fr. 89 le kilogramme pur, *moins tant pour 100 ou pour 1.000 de perte*, il faut grossir la première perte qui est déjà de 1,66 0/0 (222,22 — 220,56) de la perte résultant du cours de l'argent.

Soit P la première perte (1 fr. 66) et p la perte résultant du cours du jour ; nous aurons :

$$P + \frac{100-p}{100} \times 1,66.$$

La véritable perte cherchée sera :

$$x = P + \frac{100-p}{100} \times 1,66.$$

Prenons, par exemple, la cote de l'argent au 30 janvier 1898, qui est de 56 0/0 de perte ; nous aurons :

$$56 + \frac{100-56}{100} \times 1,66,$$

ou

$$56 + 0,44 \times 1,66 = 56,7304 \ 0/0$$

à prendre sur 222,22

$$222,22 \frac{(100-56,7304)}{100} = 222,22 \times 0,43269 = 96 \text{ fr. } 15.$$

La valeur réelle de l'argent pur était donc, le 30 janvier 1898, de 96 fr. 15 le kilogramme.

Pour déterminer la valeur intrinsèque d'une pièce quelconque, il suffira donc de faire le calcul suivant :

Établir, d'après le Dictionnaire, son *poids de fin*, c'est-à-dire son poids d'or ou d'argent, déduction faite de l'alliage, indiqué par le *titre* ; puis le multiplier par la valeur du métal précieux — or ou argent — au cours du jour.

Prenons, par exemple, la pièce de 5 francs française en argent.

$$\text{Poids : 25 gr. au } \frac{925}{1.000} = 22,5.$$

Au cours du 30 janvier 1898, nous venons de voir que l'argent valait 96 fr. 15 c. le kilogramme ; donc, 22,5 grammes, à ce prix, donnent à la pièce de 5 francs une valeur de 2 fr. 16 c.

Prenons le shilling anglais :

$$\text{Poids : 5,65 ; titre : } \frac{925}{1.000} = 5,23 ; \text{ valeur : 50 centimes.}$$

De même pour toutes les autres monnaies d'or ou d'argent.

En ce qui concerne les diamètre et poids des pièces, ils sont indiqués en millimètres et en grammes.

INDEX GEOGRAPHIQUE

DES MONNAIES GROUPÉES PAR PAYS

A

Abyssinie. — Amolé ; bor ; borjoke.

Açores Adjacentes } (Iles). — Monnaies portugaises.

Afghanistan. — Monnaies persanes et rouble russe.

Afrique Méridionale anglaise (Cap [Colonie du], Maurice Natal). — V. Angleterre : *Colonies et possessions.*

Afrique Occidentale anglaise (Ascension, Côte d'Or, Côte du Niger, Gambie, Lagos, Sainte-Hélène, Sierra-Leone). — V. Angleterre : *Colonies et possessions.*

Afrique Occidentale française (Côte d'Ivoire, Guinée française, Sénégal, Soudan français). — V. France : *Colonies et possessions.*

Afrique Orientale allemande. — V. Allemagne : *Colonies et possessions.*

Afrique Orientale anglaise. — V. Angleterre : *Colonies et possessions.*

Algérie. — Monnaies françaises. — (Anciennes pièces : budschu ; karub ; musune ; piastre.)

Allemagne. — Denier ; ducat ; florin ; frédéric ; gros ; guillaume ; gulde ; kreutzer ; mark ; mark-banco ; pfennig : reichsmark ; schilling ; schware ; silbergros ; thaler.

Colonies et possessions :

Afrique Orientale allemande,
Cameroun,
Héligoland,
Sud-Ouest Africain,
Togoland,
Possessions océaniennes (Archipel Bismark, Terre
de l'Empereur Guillaume, Archipel Salomon, etc.),

} Monnaies allemandes.

Amérique Centrale (Costa-Rica, Guatemala, Honduras, Nicaragua, Salvador). — Centavo ; peso ; piastre ; reale.

Andorre (Val ou Rép. d'). — Monnaies françaises et monnaies
espagnoles.

Angleterre. — British dollar ; crown ; farthing ; guinée ; livre sterling ; maundy money ; penny ; pound st. ; shilling ; sovereign.

Colonies et possessions :

A. — Europe. — V. Chypre, Gibraltar, Jersey, Malte.
B. — Afrique, Amérique, Asie, Océanie.

Nota. — Dans la liste suivante des colonies et possessions
anglaises, celles qui sont marquées d'une astérisque (*) ont
certaines monnaies spéciales indiquées à leur ordre alphabé-
tique ; les autres n'emploient que les monnaies anglaises.

Ascension.
Australasie.
Australie.
Bahama.
Bermudes.
Bornéo.
* Canada.
Cap.
* Ceylan.
Côte d'Or.
Détroits.
Falkland.
Gambie anglaise.
Guinée (Nouv.).
Guyane.
* Honduras anglais.

* Hong-Kong.
* Indes anglaises.
* Jamaïque.
Labouan.
Lagos.
* Maurice.
Natal.
Niger (Côte du).
Sainte-Hélène.
Salomon.
Sierra-Leone.
* Sous-le-Vent (Iles).
* Terre-Neuve.
* Trinité.
Viti.
Zélande (Nouv.),

Annam. — V. Indo-Chine française.

Antilles. — V. Bahama, Barbade, Bermudes, Cuba, Curaçao, Dominicaine (Rép.), Guadeloupe, Haïti, Jamaïque, Martinique, Porto-Rico, Trinité.

Arabie. — Anna; bokcha; fadha; ferdanié; halala; krouni; mahamoudi; real omla; peissa; rézino; talari.

Argentine (République). — Argentino; centavo; peso.

Australasie. — Monnaies anglaises.

Autriche-Hongrie. — Ducat; florin; gros; heller; kreutzer; krone; mark; œstreichischer pfennig; schilling; thaler; wœrungsflorin.

B

Bahama.
Barbade. } — Monnaies anglaises.

Belgique. — Centime; franc.

Béloutchistan. — Monnaies des Indes anglaises.

Birmanie anglaise. — Anna; pice; roupie.

Bolivie. — Boliviano; centimo; real; tomin.

Bornéo. — Comme à Java.

Bosnie et Herzégovine. — Monnaies autrichiennes.

Bouthan. — Monnaies des Indes anglaises.

Brésil. — Conto; milréis; réal.

Bulgarie. — Leu ou lev ou lew; stotinki.

C

Californie. — Monnaies des États-Unis.

Cambodge. — V. Indo-Chine française.

Canada. — Cent et monnaies anglaises.

Canaries (Iles). — Monnaies espagnoles.

Candie. — Monnaies turques.

Cap de Bonne-Espérance. — Monnaies anglaises.

Chandernagor. — V. Indes françaises.

d

Chili. — Condor; doblon; centavo; decimo; escudo; peso ou piastre.

Chine. — Candareen; cash; centième de piastre; chopped dollar; clean dollar; fen; maco; piastre; sapèque; taël; tien, tsien ou tsin.

Chypre. — Monnaies anglaises.

Cochinchine. — V. Indo-Chine française.

Colombie. — Centavo; condor; decimo; peso ou piastre; réal; sencillo (peso).

Congo belge.
Congo français. } — Système décimal français.

Congo portugais. — Monnaies portugaises.

Corée. — Monnaies nationales de cuivre; dollar; piastre mexicaine et de Canton; yen japonais.

Corfou. — V. Ioniennes (Iles).

Costa-Rica. — V. Amérique centrale.

Crète. — Groschia; livre turque, medjidieh, napoléon, piastre turque et monnaies d'Europe.

Cuba. — Centen et monnaies espagnoles.

Curaçao. — Monnaies hollandaises; aigle des États-Unis; napoléon; once espagnole et mexicaine.

D

Danemark. — Krone; mark; œre; rigsbankdaler; rigsdaler; skilling.

Dominicaine (Rép.). — Cent; doblon; dollar; gourde; piastre.

E

Egypte. — Livre; ochr-el-guerche; piastre; talari de Marie-Thérèse.

Equateur. — Centavo; réal; sucre.

Espagne. — Alphonse; centena; centimo; doblon; duro; escudillo; escudo; izabellina; peseta; piastre; pistola; real; realillo.

Etats-Unis. — Aigle; cent; dime; dollar; piastre; trade dollar.

Erythrée. — V. Massaouah.

F

Finlande. — Markkaa ; penni.
France. — Centime ; franc ; (décime ; écu ; liard ; livre ; pistole ; sou).

G

Gabon. — Monnaies françaises et livre sterling.
Grèce. — Drachme ; lepton.
Guadeloupe. — Monnaies françaises.
Guatémala. — V. AMÉRIQUE CENTRALE.
Guyane anglaise. — Monnaies anglaises.
Guyane française. — Monnaies françaises.
Guyane hollandaise. — Monnaies hollandaises ; cent ; dollar ; pfennig ; piastre espagnole ; stuiver.

H

Haïti. — Cent ; dollar ; doublon ; gourde ; piastre.
Havaï. — Cent ; dime ; dollar.
Hollande. — Cent ; ducat ; florin ; guillaume ; rixdaler ; wilhelmine.
Honduras. — V. AMÉRIQUE CENTRALE.
Hong-Kong. — Canton-taël ; cent ; chopped dollar ; piastre mexicaine.

I

Indes anglaises. — Adhala ; adhis ; anna ; cauris ; chadam ; croro ; dumree ; gunda ; lac ; mas ; mohur ; pagode ; pice ; pie ; pun ; roupie.
Indes françaises (Chandernagor ; Karikal ; Mahé ; Pondichéry et Yanaon). — Anna ; cash ; fanon ; païce ; roupie des Indes anglaises.

Indo-Chine française. — Cent ; piastre ; sapèque.

Ioniennes (Iles). — Centime ; drachme : franc ; lepton.

Italie. — Baiocco ; centesimo ; carlino; deniero; dopietto; ducato grano ; lira ; oncia ; oncietta ; papetto ; paulo ; reale ; soldo.

J

Jamaïque. — Monnaies anglaises (penny en nickel).

Japon. — Dollar ; piastre ; rin ; sen ; yen.

Java. — Monnaies hollandaises.

K

Karikal. — V. INDES FRANÇAISES.

L

Libéria. — Cent ; dollar.

M

Macao. — Piastre mexicaine ; reis portugais.

Madagascar. — Monnaies françaises.

Madère. — Monnaies portugaises.

Mahé. — V. INDES FRANÇAISES.

Malabar. — Piastre ; roupie ; san-thomé.

Malte. — Monnaies anglaises ; doblon ; grano ; scudo ; taro.

Maroc, — Monnaies espagnoles ; centimo ; franc.

Martinique. — Monnaies françaises.

Massaouah. — Monnaies italiennes ; monnaies de l'Union Latine, thaler de Marie-Thérèse; thaler de l'Érythrée ; monnaies anglo-diennes et égyptiennes.

Matanzas. — Piastre espagnole : piastre mexicaine.

Maurice. — 'Anna; centième de roupie; roupie indienne.

Mayotte. — Monnaies françaises.

Mexique. — Centavo; doblon; dollar; escudillo; escudo; once; peso; piastre; pistole; réal.

Monaco. — Monnaies françaises.

Monténégro. — Monnaies austro-hongroises.

Mozambique. — Piastre ou thaler de Marie-Thérèse; piastre mexicaine; roupie indienne; talari..

N

Nicaragua. — V. AMÉRIQUE CENTRALE.

Nigritie. — V. SOUDAN.

Norvège. — Krona; œre; ort; skilling; specie daler.

Nossi-Bé. — Monnaies françaises.

Nouvelle-Calédonie. — Monnaies françaises.

Nouvelle-Zélande.
Nouvelles-Galles-du-Sud. } V. AUSTRALASIE.

Nubie. — Monnaies égyptiennes; talari de Marie-Thérèse.

O

Obock. — Monnaies de l'Union Latine; roupie indienne; thaler de Marie-Thérèse.

P

Paraguay. — Centavo; peso; piastre.

Pérou. —

Perse. — Abassi; chahi; dinar; échrefi; kran; miscal; nokhoud; panabad; pendj-hézari; thoman.

Philippines. — Centavo; cuarto; doblon; escudillo; escudo; peseta; piastre; quadruple; réal.

Pondichéry. — V. INDES FRANÇAISES.

Porto-Rico. — Piastre espagnole; piastre mexicaine.

Portugal. — Conto; coroa; cruzade; milreis; réal; tostao.

R

Réunion. — Monnaies françaises.

Roumanie. — Bani; lou; para; piastre.

Russie. — Impériale; kopeck; rouble.

S

Sainte-Croix. } Alfonsino (ou Izabellina) espagnol; cent danois;
Saint-Thomas. }   thaler; dollar; piastre.

Salvador. — V. Amérique centrale.

Sandwich. — V. Havaï.

Sénégal. — Monnaies françaises; livre sterling.

Serbie. — Dinar; para.

Siam. — Att; catti; chang; pécul; pic; salung; tamlung; tara; tical.

Singapore. — Cent; dollar; piastre.

Soudan. — Cauris; sel gemme; thaler.

Suède. — Carolin; ducat; krona; œre; rixdaler.

Suisse, — Centime; franc; rappe (centime).

Sumatra. — Cash; cent; copang; florin; mace; pardow; piastre; roupie; sattalie; sookoo; stuiver.

T

Taïti. — Monnaies françaises.

Terre-Neuve. — Cent; dollar; penny.

Tonkin. — V. Indo-Chine française.

Trinité. — Monnaies anglaises (penny en nickel); cent; dollar piastre.

Tripolitaine. — Monnaies de l'Union Latine; centième de piastre; para (40ᵉ de piastre turque); piastre turque; monnaies tunisiennes en or; monnaies anglaises; thaler de Marie-Thérèse.

Tunisie. — Aspre; bouachera; boukoufa; boumia; boukhamsa;

boukhamsin; bouthlata; caroube; frank (franc); nasser; noufs-frank; noufsrial; piastre; rial.

Turkestan. — Rouble; pull; tanga; tilla.

Turquie. — Livre; medjidieh; para; piastre.

U

Uruguay. — Centesimo; once; peso; piastre; réal.

V

Venezuéla. — Bolivar; centavo; venezolano.

Victoria. — V. Australasie.

Y

Yanaon. — V. Indes anglaises.

Z

Zanzibar. — Piastre; roupie; talari (thaler).

DICTIONNAIRE UNIVERSEL

DES

MONNAIES COURANTES

A

ABASSI. — Argent. PERSE.

Abassi = 1/4 kran = 1/4 miscal = 6 nokhouds.

	Poids.	Titre (1).	Valeur.
	1,15	900/1000	0,23

ABIAD. — Argent. ARABIE.

A Mascate, l'*Abiad* (appelé aussi *mahamoudi blanc*), = 12 *peissas* = 3 *annas* (16 *annas* = 1 *roupie*), environ. . . 0,14

ADHALA.
ADHIS. } *Voy.* CAURIS.

AIGLE. — Or. ÉTATS-UNIS.

Double aigle = 20 dollars...	33,436		103,05
Aigle = 10 — ...	16,718	900/1.000	51,83
Demi-aigle = 5 — ...	8,359		25,91
Quart d'aigle = 2 1/2 — ...	4,179		12,95

---

(1) Presque toujours plus faible.

ALPHONSE. — Or. ESPAGNE.

	Poids.	Titre.	Valeur.
Alphonse = 25 *pesetas*	8,065	900/1000 ·	25 »

N. B. — L'*alfonse* (*alfonso*) est aussi appelé *alfonsino*.

ALTELIK. — Billon. TURQUIE.

Les *alteliks* sont d'anciennes pièces (1828), usées et en partie démonétisées, au titre d'argent : 440/1000 à 446/1000, et se comptant par *piastres :* environ 215 grammes par 100 *piastres*.

Altelik de 6 *piastres*, valant actuellement 5 *piastres*, 1,10

Demi-altelik de 3 *piastres*, valant actuellement 2 1/2 *piastres*. 0,55

Quart d'altelik de 1 1/2 *piastre*, valant actuellement 1 1/4 *piastre*. 0,275

La valeur de l'*altelik* varie beaucoup dans les provinces : 4 3/4 à 9 *piastres*. Mais la moyenne est d'un peu plus de 6 *piastres*.

AMOLÉ. ABYSSINIE.

Pièce de sel gemme de valeur variable qui s'évalue avec le *thaler Marie-Thérèse* pour base

1) ANNA. — Argent. ARABIE.

A Mascate :

Anna = 4 *peissas* = 1/16 *roupie*, environ 0,15

2 *roupies* et 2 *annas* = 1 *thaler Marie-Th'rèse*. . . 5,20

2) ANNA. — Argent. INDES ANGLAISES.

1 Anna = 12 pie = 1/16 roupie.	0,729			0,15	
2 — — 24 — = 1/8 —	1,458	916 2/3/1000		0,30	Environ
4 — — 48 — = 1/4 —	2,916			0,60	
8 — — 96 — = 1/2 —	5,832			1,20	

3) **ANNA**. — Bronze. INDES ANGLAISES.

	Titre.	Valeur.
1/2 anna = 2 pice.	12,960	0,075
1/4 — = 1 —	6,430	0,037
1/8 — = 1/2 —	3,212	0,017
1/12 — = 1/3 — = 1 pie. . .	2,610	0,012

ARBA FLOUS. — Cuivre. MAROC.

Arba flous = 2/3 centime environ.

ARCOT (ROUPIE). — Voy. ROUPIE [INDES ANGLAISES].

ARGENTINO. — Or. RÉPUBLIQUE ARGENTINE.

	Poids.	Titre.	Valeur.
Argentino = 5 pesos.	8,0645	900/1000	25 »
Medio argentino = 2 1/2 — . .	4,0322		12,50

*****ARIARY**. — Argent. MADAGASCAR.

L'ariary correspond à la pièce de 5 francs argent française, mais pèse 2 grammes de plus, soit 27 grammes, comme l'ancienne *piastre* mexicaine, base de la monnaie indigène dont voici les subdivisions et les principaux types :

1 ariary = 2 laso = 4 kirobo = 8 sikajy = 12 roavoamena = 48 ilavoamena. . . . . 5 fr.

*****ASPRE**. — Cuivre. TUNISIE.

Ancienne monnaie encore employée comme monnaie de compte et valant un peu plus d'un centime. 3 1/4 aspre = 1 caroube; 16 caroubes = 1 piastre; 1 1/2 aspre = 1 nasser ou noufs.

Le système français a remplacé les anciennes monnaies tunisiennes.

ASSOUAD. — Argent. ARABIE.

L'assouad, appelé aussi *mahamoudi noir*, = 4 peissas = 1 anna. . . . . environ. . . 0,15

ATT. — Cuivre.   SIAM.

Att = 1/2 *pic* = 1/8 *fuang* = 1/16 *salung* =
1/64 *tical* . . . . environ. . . 0,03

B

*BAIOCCO. — Cuivre.   ITALIE.

Ancienne pièce romaine : un peu plus de *cinq centimes*.

10 baiocchi = 1 *paulo ;*
20 — = 1 *lira ;*
100 — = 1 *scudo.*

BANI. — Cuivre.   ROUMANIE.

	Poids.	Valeur.
1 bani = 1/100 *lei* (franc) . . .	1	0,01
2 —	2	0,02
5 —	5	0,05
10 —	10	0,10

BARGOUTH. — Argent.   TURQUIE D'ASIE.

A Damas, on donne communément à la *piastre* ce sobriquet,
qui signifie : puce.

*BECHLIK. — Billon.   TURQUIE.

Les *bechliks*, comme les *alteliks*, sont toutes usées et en
partie démonétisées.
Titre d'argent : 170 à 175/1000 et 200 à 225/1000.
Poids : environ 560 grammes par 100 *piastres*.

Série : •

I *bechlik* de 5 *piastres* (valant actuellt 2 1/2 *piastres*).						0,55
1/2	—	2 1/2 —	—	—	1 1/4 —	0,275
1/5	—	1	—	—	20 *parces*. . .	0,11
1/10	—	1/2 —	—	—	10 —	0,055

Toutefois la valeur des *bechliks*, comme celle des *alteliks*, varie beaucoup d'une province à une autre.

BELION. — Argent. MAROC.

Pièce valant 0,25 *peseta*. 0,25

BELION (JOUGE DE). — Argent. MAROC.

Double *belion* 0,50

BER. — Argent. ABYSSINIE.

Dénomination abyssine du *thaler autrichien Marie-Thé-rèse*.

BOKCHA. — Cuivre. ARABIE.

Pièce divisionnaire du thaler Marie-Thérèse, environ. . . 0,05

BOLIVAR. — Argent. VENEZUELA.

Le *bolivar* vaut un *franc*. C'est l'ancien nom de la pièce de 20 *venezolanos*, ou 100 francs; mais ce nom fait, encore aujourd'hui, partie du système des monnaies réelles :

Or :	Poids.	Titre.	Valeur.	
100 *bolivars*	32,258		100	»
50 —	16,129		50	»
•20 —	6,452	900/1000	20	»
10 —	3,226		10	»
5 —	1,613		5	»

Argent :	Poids.	Titre.	Valeur.
5 —	25 »		5 »
2 —	10 » } 835/1000		2 »
1 *bolivar* = 100 *centavos*. .	5 »		1 »

BOLIVIANO. — Argent. BOLIVIE.

Le *boliviano* bolivien est intermédiaire entre l'ancien *bolivar* vénézuélien de 100 francs et le *bolivar* actuel de Venezuela qui vaut 1 franc : on l'appelle plutôt *peso boliviano* ou *bolivar* . . . . 25 » 900/1000 5 »

BOLIVIANO (MEDIO). — Argent. BOLIVIE.

Un demi-boliviano 12,50 900/1000 2 50

Le *boliviano* se subdivise en 5 *tomin* = 10 *réaux*.

On l'emploie aussi comme monnaie de compte : 1 *boliviano* = 1 *piastre* à 100 centièmes.

BONS DE CAISSE. COLONIES FRANÇAISES.

Il a été fabriqué, à la Monnaie de Paris, en 1896 et 1897, des *bons de caisse* métalliques de 1 franc et de 50 centimes, sous forme de jetons en alliage de nickel, pour les colonies françaises de la Réunion et de la Martinique, dont voici la description, d'après le *Rapport* de M. de Foville (1897) :

	Diamètre.	Poids.	Titre.	Valeur.
RÉUNION.	25 mm.	4 gr. 5 }	nickel 25 {	1 fr. »
	22	2 5	cuivre 75	5 50
MARTINIQUE.	26	8 r }	nickel 15 {	1 fr. »
	22	5 »	cuivre 85	0 50

BONS REIS. — Voy. REIS [MALABAR].

BORJOKE. ABYSSINIE.

Perle de verre employée comme monnaie d'appoint de valeur essentiellement variable par rapport au *thaler*.

*BOUACHERA. — Or. TUNISIE.

Ancienne pièce retirée depuis l'adoption du système français :

	Poids.	Titre.	Valeur.
1 *bouachera* = 2 *boukhamsa*.	1,916	900/1000	5,97

*BOUKHAMSA. — Or. TUNISIE.

Ancienne pièce retirée depuis l'adoption du système français :

1 *boukhamsa.*	0,94	900/1000	2,91

*BOUKHAMSIN. — Or. TUNISIE.

Ancienne pièce retirée depuis l'adoption du système français :

1 *boukhamsin* = 2 *boukoufa* =			
50 *piastres*	9,76	900/1000	30,25

*BOUKOUFA. — Or. TUNISIE.

Ancienne pièce retirée depuis l'adoption du système français :

1 *boukoufa* = 25 *piastres.* . .	4,855	900/1000	15,05

*BOUMIA. — Or. TUNISIE.

Ancienne pièce retirée depuis l'adoption du système français :

1 *boumia* = 2 *boukhamsin* =			
4 *boukoufa* = 100 *piastres.* . .	19,492	900/1000	60,42

*BOUTHLATA. — Argent. TUNISIE.

Ancienne pièce retirée depuis l'adoption du système français :

1 *bouthlata* = 2 *franks* = 4 *nousfranks.*			2 ›

BOURSE. — Or. TURQUIE.

	Poids.	Titre.	Valeur.

1 *bourse* = 5 *livres* =
25 *medjidich* = 500 *piastres*. . 36,82 916 2/3/1000 113,92

BRITISH DOLLAR. — Voy. DOLLAR, 8.

C

CANDAREEN. — Argent. CHINE.

Le *candareen*, ou *fen*, est la soixante-douzième partie d'une *piastre*, c'est-à-dire qu'au pair il vaudrait 7 centimes 1/2.

10) candareens = 1 *mace*.
7 maces et 2 candareens = 1 *piastre* = 1/72 *taël*.
1 *candereen* ou *fen* = 10 *li* ou *cashes*.

CANTON-TAËL. — Voy. TAËL.

1) *CARLINO. — Argent. ITALIE.

Ancienne monnaie napolitaine : la moitié d'un *taro*; le dixième d'un *ducat*. Le *carlino* se divisait en 10 *grani* et valait un peu plus de 40 *centimes*.

2) *CARLINO. — Or. ITALIE.

Ancienne monnaie de Sardaigne qui valait 25 *livres* sardes ou 49 fr. 34 c. Le *carlino* or se divisait en 5 *dopietti* = 10 *scudi* argent.

CAROLIN. — Or. SUÈDE.

Monnaie de compte, le *carolin* — ou *nouveau ducat or* — = 7 *kronor* 20 et vaut juste 10 francs.
L'ancien *carolin* valait 11 fr. 70 centimes.

CAROLUS.

Ancien nom de la *piastre*, qui porta d'abord l'effigie du roi Charles d'Espagne et qui la désigne encore parfois dans l'Extrême-Orient.

*CAROUBE. — Cuivre. TUNISIE.

Pièce d'environ cinq centimes (ancienne monnaie) encore parfois employée comme monnaie de compte.

1 caroube = 3 1/4 *aspres ;*
16   —   = 1 *piastre* ou *rial* de 60 centimes.
1 piastre 10 caroubes (argent) = 1 fr.

1) CASH. CHINE.

Autre nom donné à la pièce appelée *li. Voy.* CANDA-REEN.

2) CASH. — Billon. PONDICHÉRY.

Valeur variable d'un peu moins d'un centime.

24 cashes = 1 *fanon* = 2 *annas*.
1 *roupie* = 2 *fanons* = 16 *annas* = 192 *caches* ou *païces*.

3) CASH. — Billon (zinc ou étain). SUMATRA.

Pièce de très petite et variable valeur employée seulement par les indigènes pour le petit commerce intérieur ; il faut environ 2000 *cashes* pour faire un *meh*, c'est-à-dire environ 34 centimes.

Dans certaines parties de l'île (Bencoulen), on se sert d'un *cash* d'argent : 15 de ces cashes valent une *roupie* de 4 shillings = 2 fr. 38 c. Le *cash* d'argent vaut donc alors environ 15 centimes. Il se subdivise en 2 *stuvers*.

CATTIE. SIAM.

Monnaie de compte valant 80 *ticals*.

CAURIS.

Petit coquillage servant de menue monnaie divisiónnaire d'appoint, et aussi d'ornement dans divers pays : Nigritie, Indes, etc. On les compte, tantôt par sept et multiples (7 cauris = 1 dumree ; 14 cauris = 1 chadam ; 28 cauris == un adhala ; 56 cauris = 1 pysa) ; tantôt par quatre (4 cauris = 1 gunda ; 80 cauris = 1 pun ; 400 cauris = 1 anna).

L'*adhala* est aussi un coquillage, ainsi que l'*adhis*, qui vaut 3 1/2 cauris, le *dumree* qui en vaut 7, le chadam 14 et le gunda 4.

CENT.

Le *cent* correspond au *centime* en ce sens qu'il est aussi un centième ; mais il vaut généralement cinq fois plus, comme le *centavo*.

Voici les pays où le *cent* proprement dit est employé :

Argent.   CANADA.

Les *cents* constituent la seule monnaie nationale, qui est la monnaie divisionnaire d'argent :

	Poids.	Titre.	Valeur.
50 cents.	11,620		2,39
25 —	5,810	925/1000	1,19
10 —	2,324		0,48
5 —	1,162		0,24

Comme monnaie de compte, le *cent* est la centième partie du *dollar* or américain : 5 fr. 18 c.

CHINE.

Le cent cuivre == 10 *sapèques*. 0,05

Centième partie d'une *piastre*, le *cent* vaut, par rapport aux anciens *taëls* : taël, 0,00726, et donne lieu aux pièces suivantes :

Argent[*] :	Poids.	Titre.	Valeur.	Rapport avec les anciennes monnaies.
1 piastre = 100 cents.	26,900	900/1000	5,38	0,72
50 cents.	13,450	866/1000	2,57	0,36
20 —	5,380		0,98	0,146
10 —	2,690	820/1000	0,49	0,073
5 —	1,345		0,25	0,0363

ÉTATS-UNIS.

Le *cent* est la centième partie du *dollar*, ou *piastre*, et vaut 5 centimes.

La pièce d'*un cent* est en bronze (cuivre, 95 ; étain et zinc, 5) et celle de *cinq cents* en nickel (cuivre, 75 ; nickel, 25).

Voici les pièces d'argent divisionnaires du *dollar* et multiples du *cent :*

	Poids.	Titre.	Valeur.
50 cents = 1/2 *dollar*.	12,50		2,50
25 — = 1/4 —	6,25	900/1000	1,25
10 — = 1 —	2,50		0,50

Ces différentes pièces de bronze, nickel, argent, sont les seules qui soient aujourd'hui en circulation, remplaçant celles dont la fabrication est, soit arrêtée, soit prohibée. Telles étaient : 1° en argent : la pièce de *20 cents* (prohibée en 1878) ; celle d'une *1/2 dime* (arrêtée en 1873) ; celle de *3 cents* (arrêtée en 1873) ; 2° en nickel : celle de *3 cents* (arrêtée en 1890), et celle de *1 cent* (arrêtée en 1864) ; 3° en bronze : celle de *2 cents* (arrêtée en 1873) ; 4° en cuivre : celle de *1 cent* (arrêtée en 1857) ; celle de *1/2 cent* (arrêtée en 1857).

HAÏTI.

Le *cent* est employé aussi bien dans la République de Haïti que dans celle de Saint-Domingue, le *dollar* circulant dans toute l'île.

Le *cent* hollandais, centième partie du *florin*, vaut un peu plus de deux centimes.

Voici les pièces, divisionnaires du *florin* (2 fr. 10), multiples du *cent* :

Argent :	Poids.	Titre.	Valeur.
50 cents == 1/2 *florin*	5 »	945/1000	1,05
25 —	3,575		0,51
10 —	1,400	640/1000	0,20
5 —	0,685		0,10

Bronze :

2 cents 1/2.	4 »	cuivre 95	0,05
1 —	2,50	étain 4	nominale 0,02
1/2 —	1,25	zinc 1	0,01

Le *cent*, centième partie de la *piastre* mexicaine (5 fr. 43), unité monétaire, équivaut à 5 centimes :

Argent :			
50 cents == 1/2 *piastre*.	13,580		2,41
20 —	5,431	800/1000	0,96
10 —	2,715		0,48
5 —	1,358		0,24

Les monnaies réelles et fiduciaires ayant cours dans cette colonie, tant françaises qu'étrangères, comportent toutes des *conts* et désignent cette division par l'abréviation *cent*. Comme monnaie française, la *piastre* d'argent (5 fr. 44 c.) a pour pièces divisionnaires :

Argent, :

	Poids.	Titre.	Valeur.
50 cents.	13,607 ⎫		2,72 ⎫
20 —	5,443 ⎬ 900/1000		1,08 ⎬
10 —	2,721 ⎭		0,54 ⎭

Bronze :

1 cent = 5 sapèques. . . . . . 10 » nominale : 0,10

Tous les *cents* de bronze, quels qu'ils soient, sont pris uni-
formément pour un *cent* (Japon, Hong-Kong, Malacca).

Comme monnaies étrangères, on distingue les différentes
pièces ci-après :

Argent :

	Canton.	Japon.	Détroits.	Hong-Kong
50 cents.	2,58	» »	2,40	» »
20 —	0,99	0,95	0,95	0,94
10 —	0,49	0,36	0,35	0,36
5 —	0,19	» »	0,24	0,18

SINGAPORE.

Les *cents*, fournis par l'Angleterre, servent de monnaie
d'appoint à Singapore ainsi que dans les autres établissements
des Détroits (*Straits Settlements*).

Voici la liste des pièces de cette monnaie :

Argent :

	Poids.	Titre.	Valeur.
50 cents.	13,58 ⎫		2,50 ⎫
20 —	5,43 ⎬ 800/1000		1 » ⎬
10 —	2,71 ⎬		0,50 ⎬
5 —	1,36 ⎭		0,25 ⎭

Bronze :

1 cent.	9,33 ⎫		0,05 ⎫
1/2 —	4,66 ⎬ nominale		0,025 ⎬
1/4 —	2,33 ⎭		0,0125 ⎭

STRAITS SETTLEMENTS.

Voy. SINGAPORE.

TERRE-NEUVE.

Le *cent*, centième partie du *dollar* américain, et le *penny*, douzième partie du *shilling* anglais, sont concurremment en usage. 200 *cents* ou 100 *pence* divisent la pièce de *2 dollars* or qui est le plus couramment employée.

	Poids.	Titre.	Valeur.
50 cents = 1/2 dollar. 11,782			2,42
20 — 4,713		925/1000	0,97
10 — 2,356			0,48
5 — 1,178			0,24

CENTAVO.

Comme le *cent* et le *centime*, le centavo est la centième partie d'une pièce prise pour unité monétaire, mais il correspond presque toujours, non pas au *centime* français, mais au *cent* américain, c'est-à-dire qu'il vaut *cinq centimes* français. Ce n'est qu'au Venezuela que le *centavo* ne vaut qu'un *centime*; dans ce pays, le *bolivar* (poids : 5 grammes; titre : 835/1000; valeur : 1 franc) se divise en 100 *centavos*. La pièce de 50 *centavos* = 50 *centimes* et celle de 20 *centavos* = 20 *centimes*.

Les monnaies de l'Union latine et le système métrique ayant cours légal au Venezuela, les pièces de cuivre 1, 2, 5 et 10 *centimes* sont appelées 1, 2, 5 et 10 *centavos*.

Quant au *centavo* de 5 *centimes*, voici la liste des pays qui l'emploient :

ARGENTINE (RÉPUBLIQUE).

Argent :

		Titre	Valeur
50 centavos = 1/2 peso. 12,50			2,50
20 — . . . . 5 »		900/1000	1 »
10 — 2,50			0,50
5 — 1,25			0,25

Nickel :

		Poids.	Titre.	Valeur.
20	—	4 »	cuivre 75 nickel 25	nominale 1 » 0,50
10	—	3 »		0,50
5	—	2 »		0,25
2	— . . . . , .	10 »	cuivre 95 étain 4	0,10
1 centavo	. . . .	5 »	zinc 1	0,05

Argent :

50 centavos = 1/2 bolivar ou peso boliviano	12,50		2,50
20 centavos	4,50	900/1000	1 »
10 — . . , ...	2,25		0,50
5 —	1,125		0,25

Nickel :

10	—	5 »	cuivre 75 nickel 25	nominale 0,50
5	—	2,50		0,25

Argent :

50 centavos = 1/2 peso.	12,50		2,50
20 — = 2 decimos. . . .	5 »	835/1000	1 »
10 — = 1 decimo	2,50		0,50
5 —	1,25		0,25

Le *centavo* est le centième de la *piastre forte*, ou *sucre*, et le dixième du *réal*. La *piastre forte*, ou *sucre*, équivaut, comme poids, titre et module, à la pièce de 5 francs française en argent.

Subdivisions :

Argent :

50 centavos = 1/2 sucre = 5 réaux .	12,50		2,50
20 — = 2/10 sucre = 1 peseta = 2 réaux	5 »	900/1000	1 »

Voy. SUCRE.

Nickel :   Valeur.

			Valeur.
5 centavos = 1/20.		nominale	0,25
2 — = 2/100 sucre = 1 decimo			0,10
1 centavo = 1/100 — = 1/2 —			0,05
1/2 — = 1/200 —			0,025

HONDURAS.

Argent :	Poids.	Titre.	Valeur.
50 centavos = 1/2 peso	12,50	900/1000	2,50
25 —	6,25		1,25
10 —	2,50		0,50
5 —	1,25		0,25

Bronze :

	Poids	Titre	Valeur
2 centavos	10 »	nominale	0,10
1 centavo	5 »		0,05

MEXIQUE.

Argent :	Poids	Titre	Valeur
50 centavos = 1/2 piastre, ou peso.	13,536	902,777/1000	2,71
25 —	6,768		1,35
10 —	2,707		0,54
5 —	1,353		0,24

Cuivre :

	Poids		Valeur
1 centavo	8 »	cuivre pur.	0,05

NICARAGUA.

Argent :	Poids	Titre	Valeur
50 centavos = 1/2 piastre	12,50	800/1000	2,50
20 —	5 »		1 »
10 —	2,50		0,50
5 —	1,25		0,25

PARAGUAY : comme NICARAGUA.

Pérou.

Le *centavo* péruvien est le centième du *sol*, qui vaut
5 francs.

Argent :

	Poids.	Titre.	Valeur.
50 *centavos* = 1/2 *sol* = 5 *dineros*.	12,50		2,50
20 — = 2 *dineros*.	5 »	900/1000	1 »
10 — = 1 *dinero*.	2,50		0,50
5 — = 1/2 —	1,25		0,25

Nickel :

20 —			1 »
10 —		nominalement	0,50
5 —			0,25

Philippines (Iles).

Argent :

	Poids	Titre	Valeur
50 *centavos* = 1/2 *escudillo*. .	12,980		2,41
20 —	5,192	835/1000	0,96
10 —	2,596		0,48

Comme monnaie de compte, 100 *centavos* forment la
piastre mexicaine ou *douro* = 5 fr. 43.

Voy. Cuarto.

CENTEN. — Or.

Cuba.

1 *centen* or = 100 *réaux de vellon*. 5,30

CENTENA.

Espagne.

Ancienne monnaie de compte encore d'usage commercial
qui vaut le centième du *réal*. 400 *centenas* = 1 *peseta*.

1) CENTESIMO.

(Union latine) Italie.

Le *centesimo* italien correspond au centime français, comme
la *lira* au franc.

. Les pièces de 50 et de 20 *centesimi* sont de tous points, comme poids, titre et valeur, semblables aux pièces françaises de 50 et de 20 *centimes*.

Nickel :

		Poids.	Titre.	Valeur.
20 *centesimi*	{ cuivre 75 } { nickel 25 }	4 »		0,20
10 —		10 »		0,10
5 —	cuivre 96	5 »	nominale	0,05
2 —	étain 4	2 »		0,02
1 *centesimo*		1 »		0,01

2) CENTESIMO. · URUGUAY.

Le *centesimo* de l'Uruguay vaut 10 *centimes* français.

Argent :

50 centesimos = 1/2 *peso*. . . .	12,50		2,50	
20 —	5 »	900/1000	1 »	
10 — = 1 *réal*.	2,50		0,50	

Bronze :

4 —	cuivre 95	20 »		0,04
2 —	étain 4	10 ·	nominale	0,02
1 *centesimo*	zinc 1	5 »		0,01

CENTIME. (Union latine) FRANCE.

Le *centimo* français, centième partie du *franc*, forme les pièces suivantes :

Argent :

50 centimes = 1/2 *franc*. . .	2,50	835/1000	0,50	
20 —	1 »		0,20	

Bronze :

10 — = 1 *décime*. . . .	10 »		0,10	
5 —	5 »	cuivre 95	0,05	nominale
2 —	2 »	étain 4	0,02	
1 *centime*	1 »	zinc 1	0,01	

(Union latine) BELGIQUE.

Argent :	Poids.	Titre.		Valeur.
50 *centimes* = 1/2 *franc*. . .	2,50	835/1000		0,50
Nickel :				
20 —	7 »	cuivre 75		0,20
10 —	3 »	nickel 25	nominale	0,10
5 —	2 »			0,05
Bronze :				
2 —	4 »			0,02
1 *centime*	2 »			0,01

(Union latine) SUISSE.

Comme en France pour les pièces d'argent (50 *centimes*) et de bronze (2 et 1 *centimes*). En outre :

Nickel pur :				
20 *centimes*	4 »			0,20
Nickel alliage :				
10 —	nickel 25	3 »	nominale	0,10
5 —	cuivre 75	2 »		0,05

Le *centime* suisse est aussi appelé *rappe*.

CENTIMO.   ESPAGNE.

Argent :				
50 *centimos* = 1/2 *peseta*. . .	2,50	835/1000		0,50
20 —	1 »			0,20
Bronze :				
10	10 »		nominale	0,10
5 —	5 »	835/1000		0,05
2 —	2 »			0,02
1 *centimo*	1 »			0,01

Comme monnaie de compte, on compte aussi en *réaux* : 1 *réal* = 25 *centimes* ou *centenas*.

ÉTABLISSEMENTS DES DÉTROITS.

Voy. CENT [SINGAPORE].

CHADAM. — *Voy.* Cauris.

CHAHI. — Cuivre. PERSE.

	Poids.	Valeur.
2 chahis.	10 » = environ 13 centimes.
1 — = 2 *pulls*.	5 » : — 5 —
4 — = 1 *abassi*. . . .	20 » = — 20 —
1 — = 1/20 *kran* ou *miscal* = 1/10 *panabad* =

1/200 *toman*.

CHAMI. — *Voy.* Iklik.

CHANG. SIAM.

Monnaie de compte valant 20 *tamlungs* ou 80 *ticals*.

CHOPPED DOLLAR.

On appelle ainsi en Chine, à Hong-Kong, les *dollars*, ou piastres mexicaines (5 fr. 43 c.), *poinçonnés (chopped)* par les banques. A Canton, on ne reçoit, presque exclusivement, que les *chopped dollars*.

Par opposition à *chopped dollar*, on appelle *clean dollars* les *dollars*, ou piastres, non poinçonnés, qui ne sont reçus que par les banquiers ou commerçants en relations suivies avec les Européens, mais non sans avoir été sonnés et essayés, et moyennant commission de 2 0/0.

CLEAN DOLLAR. — *Voy.* Chopped dollar.

1) CONDOR. — Or. CHILI.

	Poids.	Titre.	Valeur.
1 condon = 10 pesos = 2 doblons = 5 escudi.	15,253	900/1000	47,28

2) CONDOR. — Or. COLOMBIE.

	Poids.	Titre.	Valeur.
1 condor = 10 pesos = 100 centavos.	16,129	900/1000	50 »
Double-condor.	32,258		100 »

CONTO. . PORTUGAL.

Monnaie de compte = 1.000.000 *réaux* =
1.000 *milreis* = 100 *couronnes (coroa)* . . . . . 5.600 »

CONTO DE CONTOS. PORTUGAL.

Monnaie de compte = 1.000 *contos* =
100.000 couronnes = 1.000.000.000 réaux. . . 5.600.000 »

COPANG. — Argent. SUMATRA.

Monnaie indigène : environ 12 centimes.

4 *copangs* = 1 *meh*; 4 *meh* = 1 *pardows*; 4 *pardows* =
1 taël.

64 *copangs* = 1 *taël*.

ÇOPEK. — *Voy.* KOPEK.

COROA. — Or. PORTUGAL.

		Poids.	Titre.	Valeur.
1 coroa (couronne) = 10 milreis.		17,735		56 »
1/2 — — = 5 — .		8,868	916 2/3/1000	28 »
1/5 — — = 2 — .		3,547		11,20
1/10 — — = 1 — .		1,774		5,60

CORRIENTE (PESO). — *Voy.* PESO. CHILI.

CO'S ROUPIE. — *Voy.* ROUPIE.

COURONNE. — *Voy.* COROA; CROWN; KRONA; KRONE.

COWRIE. — *Voy.* CAURIS.

CRIMITZ. TURQUIE D'ASIE.

Non donné, à Kérassunde, au *ducat*.

CRORE. INDES ANGLAISES.

Monnaie de compte : 1 *crore* = 100 *lacs* = 1.000 *roupies*.
100 *crores* = 1 *mas*. Le crore vaut environ 2,380 francs.

CROWN. — Argent. ANGLETERRE.

	Poids.	Titre.	Valeur.
Monnaie anglaise=5 shillings = 1/4 souverain.	28,2759	925/1000	5,81
Demi-couronne : half-a-crown ou 2/6.	14,1379		2,91

* **CRUZADE.** PORTUGAL.

Ancienne monnaie d'argent = 480 reis = environ 2 fr. 50.

1) * **CUARTO.** ESPAGNE.

Ancienne monnaie de compte catalane qui valait environ 7 centimes.

4 *cuartos* 1/2 valaient 1 *sol* = 12 *dineros* = 18 *maravédis*
8 — 1/2 — 1 réal = 34 maravédis.

2) **CUARTO.** — Bronze. PHILIPPINES (ILES).

2 *cuartos* = 6 centimes.
1 *cuarto* = 3 —

Indépendamment de ce *cuarto* de bronze et de la monnaie de compte *piastre* ou *douro* de 100 *centavos*, on compte encore parfois par réaux de **20** *cuartos*, le *cuarto* valant environ 3 centimes, comme le *cuarto* de bronze.

D

DAALDER. TRANSVAAL.
Monnaie de compte : 1 shilling 1/2 1,74

DÉCIME. — Bronze. FRANCE.
Nom, aujourd'hui abandonné, de la pièce de **10** *centimes* = 1/10 *franc*.

1) **DECIMO**. — Argent.

CHILI.

	Poids.	Titre.	Valeur.

2 decimos=20 centavos=1/5 peso. 4 » ⎫ 0,70

1 decimo =10 centavos=1/10 peso

=1/50 escudo =1/100 doblon = ⎬ 835/1000 ⎬

1/200 condor. . . . . 2 » ⎭ 0,35

1/2 decimo =5 centavos. . . . . . 1 » 0,175

2) **DECIMO**. — Argent.

COLOMBIE.

2 decimos =20 centavos=1/5 peso. 5 » ⎫ 0,96

1 decimo = 10 centavos =

1/100 condor. . . . . 2,50 ⎬ 835/1000 ⎬ 0,48

1/2 — = 5 — . . . 1,25 ⎭ 0,24

DENIER. — *Voy*. DIME; DINAR; DINERO; PENNY.

DIME. — Argent.

ÉTATS-UNIS.

1 dime = 10 cents = 1/10 dollar. 2,50 900/1000 0,50

DINAR.

SERBIE.

Le système français est adopté en Serbie, mais le *franc* y est appelé dinar et le *centime, para*.

Or :

20 dinars. . . . . 6,452 ⎫ 900/1000 ⎧ 20 »

10 — . . . . 3,226 ⎭ ⎩ 10 »

Argent :

5 dinars. . . . . 25 » 900/1000 5 »

2 — . . . . 10 » ⎫ 2 »

1 dinar = 100 paras. . . . . 5 » ⎬ 835/1000 ⎬ 1 »

1/2 — = 50 — . . . . . 2,40 ⎭ 0,50

1) ***DINERO**.

ESPAGNE.

Ancienne monnaie de compte catalane, le douzième d'un *sol*. Le *dinero* valait 1 1/2 *maravédi*, environ 24 centimes.

2) **DINERO**. — Argent. PÉROU.

	Poids.	Titre.	Valeur.
1 dinero = 1/10 sol = 10 centavos,	2,50	900/1000	0,50

DIRKEM. MAROC.

Monnaie de compte (once) qui vaut 4 centimes (1/10 ducat). Voy. ONCE.

1) **DOBLON**. — Or. ESPAGNE.

L'ancien *doublon* Isabelle, modifié en 1848, a disparu en 1868 lors de l'adoption du système monétaire actuel basé sur la convention de 1865 entre les pays de l'UNION LATINE, dont, toutefois, l'Espagne ne fait pas partie.

	Poids	Titre	Valeur
Doblon Isabelle = 5 douros ou piastres = 10 escudos = 100 réaux.	8,387	900/1000	26 »
— de 1848.	8,336		25,85
— ou *double pistole* = 4 écus d'or = 160 réaux.	13,53	875/1000	40,78
— ou *pistole simple* = 2 écus d'or = 80 réaux.	6,765		20,39

Ces deux dernières pièces anciennes ne se rencontrent plus guère que dans les colonies.

2) **DOBLON**. — Or. CHILI.

	Poids	Titre	Valeur
1 doblon = 1/2 condor = 2 escudos = 10 pesos ou *piastres* = 1000 centavos.	5,991	916 2/3 /1000	
Ancien doblon = 5 pesos = 500 centavos.	7,627	900/1000	23,64

3) **DOBLON**. — Or. MEXIQUE.

Ancienne monnaie.

	Poids	Titre	Valeur
1 doblon = 2 pistoles = 8 piastres	13,53	875/1000	40,75
2 doblons = une *once* ou *pistole quadruple*	27,06		81,55

4) **DOBLON**. — Or.

	Poids.	PHILIPPINES (ILES). Titre.	Valeur.
1 doblon = 2 escudos = 4 pias- tres = 4 escudillos = 400 cen- tavos	6,766	875/1000	20,40

1) **DOLLAR**. — Argent ; or.　　　　　　　ÉTATS-UNIS.

Argent : 1 *dollar*	26,729	900/1000	5,34
Or : 　　　—　	1,672		5,18

Anciennes pièces :

Heavy silver Trade dollar, frap- pée à partir de 1873 et retirée en 1873 (*Voy.* TRADE DOLLAR).	27,212		5,44
3 *dollars* or, retirée en 1890. . .	5,015	900/1000	15,55
5 *cents* argent, 　—　　— 　. . .	1,25		0,25

Actuellement :

Or :

20 dollars = 1 *double aigle* . . .	33,436		103,65
10　 —　 = 1 *aigle*	16,778		51,83
5　 —　 = 1/2 —	8,359		25,91
2 1/2 —　 = 1/4 —	4,179		12,95
1 *dollar*	1,672		5,18
Argent :		900/1000	
1　 —　 = 10 *dimes* = 100 *cents*.	26,729		5,34
1/2 —　 = 5 — = 50 — .	12,500		2,50
1/4 —　 = 2 1/2 — : 25 — .	6,250		1,25
1/5 —　 = 2 — = 20 — .	5 　»		1 　»
1/10 — 　= 1 *dime* = 10 — .	2,50		0,50
Nickel :			
1/50 — 　= 1 1/2 — 　5 — .	5 　»	nominale :	0,25

Voy. CENT [ÉTATS-UNIS].

Aux États-Unis, on désigne le *dollar* également sous le nom de *piastre*.

2) DOLLAR ANGLAIS.
DOLLAR (BRITISH). } *Voy.* Dollar 7° et 8° { Hong-Kong ;
Indes angl.

DOLLAR (CHOPPED).— *Voy.* Chopped dollar.

3) DOLLAR. — Cuivre. Corée.

Monnaie nationale : pièce de cuivre dont sa valeur a été fixée à 1/525 *dollar.* Une autre, cinq fois plus forte, frappée depuis, fut vite dépréciée.

Pour le commerce extérieur, on fait usage des *dollars* et *piastres* mexicains et japonais.

4) DOLLAR. Guyane anglaise.

Monnaie anglaise seule légale : le *florin*, la *piastre*, le dollar ont été remplacés. La valeur du *dollar* est fixée à 50 *pence* = 5 fr. 25.

5) DOLLAR. Guyane hollandaise.

Indépendamment de la monnaie hollandaise, on emploie beaucoup la *piastre* espagnole, le *florin* autrichien à 100 *cents* et le *dollar* à 100 *cents.*

6) DOLLAR. — Argent. Hanoï.

Argent :			Poids.	Titre.	Valeur.
1 dollar = 10 dimes = 100 *cents.*	26,729				5,34
1/2 — = 5 — = 50 —	12,50				2,50
1/4 — = 2 1/2 — = 25 —	6,25			900/1000	1,25
1/10 — = 1 dime = 10 —	2,50				0,50

7) DOLLAR. — Argent. Hong-Kong.

Unité monétaire : le *dollar* ou piastre mexicaine à 100 *cents.*

Monnaie courante : le *chopped dollar* (Voy. ce mot), vendu

au poids à raison de 717 *Cantons taëls* (3,758 gram.) pour 1,000 *piastres*.

8) DOLLAR. — Argent. INDES ANGLAISES.

British dollar, pièce frappée depuis 1895 à Bombay (Décision du 2 février) à destination de Hong-Kong, Singapore, etc.

9) DOLLAR. — *Voy.* TRADE DOLLAR. JAPON.

10) DOLLAR. MEXIQUE.

Au Mexique, comme aux États-Unis et dans beaucoup d'autres pays, les mots *dollar* et *piastre* désignent indistinctement la même monnaie. *Voy.* PIASTRE.

11) DOLLAR. — Or. TERRE-NEUVE.

	Poids.	Titre.	Valeur.
2 *dollars* = 200 *cents* = 100 *pence*	3,328	916 ²/₃ /1000	10,51
1 *dollar* = 100 — = 50 —	1,664		5,25

Pièces divisionnaires d'argent, comme aux États-Unis : 50, 20, 10, 5 *cents*. *Voy.* CENT.

*DOPIETTO. — Or. SARDAIGNE.

Ancienne monnaie sarde = 5 *livres sardes* = 9 fr. 87.

DOUBLON. — *Voy.* DOBLON.

1) *DOURO. — Argent. ESPAGNE.

Ancienne monnaie espagnole, synonyme de *piastre*.

Duro = 2 *escudos* = 20 *réaux* (avant 1848) 25,960	900/1000	5,19
— ou *piastro forte* (de 1848 à 1864) 26,293		5,26

2) DOURO. NIGRITIE.

Dans le Soudan méridional, on emploie le *duro* subdivisé en 20 fractions ;

1/5 *duro*. . . . . . 1 franc.
1/10 — . . . . . 50 centimes.
1/20 — . . . . . 25 —

DRACHME.   (Union latine) Grèce.

Or :	Poids.	Titre.	Valeur.
100 drachmes.	32,258		100 »
50 —	16,129		50 »
20 —	6,452	900/1000	20 »
10 —	3,226		10 »
5 —	1,613		»

Argent :			
5 — 25	»	900/1000	5 »
2 — 10	»	835/1000	2 »
1 — drachme = 100 *lepta*. 5	»		1 »

DUBBELTJE.   Transvaal.

Monnaie de compte : environ 10 centimes.

Comme monnaie réelle, la plus petite pièce employée dans la République Sud-Africaine est la pièce de 3 pence (30 centimes).

1) *DUCAT. — Or.   Allemagne.

Ancienne monnaie remplacée par le système impérial :

Ducat ad legem imperii.	3,490	986/1000	11,85

2) *DUCAT. — Or.

Ancienne monnaie, remplacée en 1893 lorsque le système monétaire à étalon d'argent fut abandonné pour la nouvelle monnaie à étalon d'or :

Quadruple ducat.	13,963	986/1000	47,41
Ducat	3,490		11,85

3) *DUCAT. — Or. HOLLANDE.

	Poids.	Titre.	Valeur.
Double ducat	6,988	983/1000	23,54
ducats	3,494		11,77

Ces pièces ne circulent plus.

4) *DUCAT. — Argent. ITALIE.

Ancienne monnaie du royaume de Naples :

1 *ducat* = 5 *tari* = 10 *carlini* = 100 *grani* 4,25

3 *ducats* = 1 *oncetto* d'or. 12,75

6 — = 1 *once* 25,50

DUMREE. — *Voy.* CAURIS.

DURO. — *Voy.* DOURO.

E

ÉCHREFI. — Or. PERSE.

		Titre.	Valeur.
1 *échréfi* ou *toman*.	2,85	900/1000	8,83
2 — —	5,70		17,66

L'échréfi, ou *toman*, = 2 *pendj-hezri* ou 1/2 *toman* = 10 *krans* ou *miscals* — 15 *nokhands* — 10,000 *dinars*.

ERANAMBATRY. — Argent. MADAGASCAR.

Monnaie indigène = 1/72 *piastre*, pesant 0,37 et valant environ 0 fr. 70.

1 *eranambatry* = 2 *varidimiventy* = 1/36 *loso*.

1) *ESCUDILLO. — Or. ESPAGNE.

Ancienne monnaie.

1 *escudillo* = 1 *piastre* = 20 réaux.   1,691   875/1000   5,09

2) *ESCUDILLO. — Or. MEXIQUE.

Ancienne monnaie.

	Poids.	Titre.	Valeur.
1 escudillo = 1 piastre = 1/4 pistole.	1,691	875/1000	5,09

L'escudillo était = 1/2 escudo = 1/8 doblon = 1/16 once, ou *pistole quadruple*.

3) ESCUDILLO. — Or. PHILIPPINES (ILES).

Monnaie réelle.

	Poids.	Titre.	Valeur.
1 escudillo = 1/2 escudo = 1/4 doblon.	1,691	875/1000	5,10

1) ESCUDO. — Or. BOLIVIE.

2) ESCUDO. — Or. CHILI.

1 escudo = 5 pesos = 1/2 doblon			
= 1/4 condor = 500 centavos.	3,995	916 3/4/1000	12,61

Cet *escudo* date de la nouvelle monnaie édictée par la loi du 11 février 1895. Auparavant, l'*escudo* était comme suit :

1 escudo = 2 pesos = 200 centavos			
= 2/5 doblon = 1/5 condor. .	3,050	900/1000	9,45

3) *ESCUDO. — Argent. ESPAGNE.

Ancienne monnaie, remplacée en 1868 par le système français, bien que l'Espagne ne fasse pas partie de l'Union latine.

1 escudo = 1/2 duro ou piastre =			
1/10 doblon Isabelle = 10 réaux.	12,93	900/1000	2,59

4) *ESCUDO. — Or. ESPAGNE.

Ancienne monnaie, id.

2 escudos	1,677 }	900/1000 {	5,60
4 —	3,354 }		11,20

Dans les colonies espagnoles, on rencontre encore les pièces suivantes :

	Poids.	Titre.	Valeur.
Escudo = 1/2 *pistole* = 2 *piastres* ou *escudillos* = 40 réaux. . .	3,382		10,19
2 *escudos* = 1 *pistole simple* = 1 *doblon* = 80 réaux.	6,765	875/1000	20,39
4 *escudos* = 1 *pistole double* ou *doblon* de 4 écus = 160 réaux.	13,530		40,78
8 *escudos* = 16 *piastres* = 1 *once*.			

5) **ESCUDO**. — Or.   PHILIPPINES (ILES).

1 *escudo* = 1/2 *doblon* = 2 *escudillos*. 3,383   875/1000   10,20

F

FADHAS.   ARABIE.

Monnaie fictive, usitée à Djeddah, valant environ 4 centimes :

5 *fadhas* = 2 *ferdaniés;*
28   --   = 1 *rézine* ou *racine;*
120   --   = 1 *réal omla* ou 28 *piastres* de 20 centimes 5,60

FANON. — Argent.   PONDICHÉRY.

1 *fanon* = 1/18 *roupie* = 2 *annas* = 24 *caches* ou *païces*. . . . . environ. . . 0,30

FARANTSA. — Argent.   MADAGASCAR.

Nom donné au *franc*.

FARTHING. — Bronze. ANGLETERRE.

	Poids.	Titre.	Valeur.
1 farthing = 1/4 penny.	2,834		0,025
2 farthings = 1/2 penny. . . .	5,699		0,05

Le farthing équivaut à l'ancien *liard* français. C'est la plus petite monnaie anglaise.

FEN. — *Voy.* CANDAREEN. CHINE.

FERDANIÈS. — Billon. ARABIE·

1. — Monnaie réelle :

1 *ferdaniès* =: 1 *para* == environ 1/2 *centime.*

2. — Monnaie fictive :

1 *ferdaniès* == environ 10 centimes ;
2 — == 5 *fadhas* = environ 20 *centimes.*

1) FLORIN. — Argent. ANGLÉTERRE.

	Poids	Titre	Valeur
1 florin = 2 *shillings.*	11,31	925/1000	2,32
Double florin == 4 *shillings.* . .	22,62		4,64

2) FLORIN. — Argent. AUTRICHE-HONGRIE.

Système actuel à étalon d'or, qui a remplacé en 1893 l'ancien système à étalon d'argent :

1 *florin* == 2 *couronnes* ==
100 *kreutzer* == 200 *heller.* . . 12,315 900/1000 2,47

Les pièces d'or de 4 et 8 florins, qui n'étaient frappées qu'à Vienne, ne le sont plus depuis 1893 :

	Poids	Titre	Valeur
4 *florins* or.	3,225	900/1000	10 »
8 — —.	6,451		20 »

L'unité monétaire est aujourd'hui la couronne (*krone*).

Indépendamment de ces pièces de 4 et 8 florins or, les pièces d'argent remplacées en 1893 étaient :

	Poids.	Titre.	Valeur.
1 *florin* 1/2 = simple *thaler* d'association.	18,519	900/1000	3,70
1 *florin*.	12,345		2,47
2 —	24,691		4,94
1/4 —	5,311	520/1000	0,62

Auparavant, l'ancien *florin* de convention, ou *gulden*, au pied de 20 *mark* de Cologne, se subdivisait, tantôt en 60 *kreutzer* = 210 *pfennig* = 8 *schillinge* = 20 *gros*, et valait 2 fr. 60 ; tantôt en 60 *kreutzer* = 320 *pfennig* et valait 2 fr. 12.

3) **FLORIN**. — Argent.   HOLLANDE.

Unité monétaire et unité de compte.

	Poids.	Titre.	Valeur.
1 *florin* ou *gulden* = 100 *cents*.	10 »	945/1000	2,08
1/2 — = 50 *cents*.	5 »		1,04
2 = 1/2 ou 1 *rixdaler*. . . .	25 »		5,20

Or :

	Poids.	Titre.	Valeur.
10 *florins* ou 1 *Guillaume* ou 1 *Wilhelmine*.	6,720	900/1000	20,83

Voy. DUCAT.

Pour les Indes Orientales néerlandaises :

Argent :

	Poids.	Titre.	Valeur.
1/4 *florin* = 25 *cents*.	3,180	720/1000	0,45
1/10 — = 10 —	1,250		0,18
1/20 — = 5 —	0,610		0,09

Voy. CENT.

On y divise aussi parfois le *florin* — comme antérieurement en Hollande — en 20 *stuivers* = 320 *pfennigs*.

De même dans la Guyane anglaise.

A Java, les Hollandais comptent par *florins* ou gulden =
100 *cents* = 2 fr. 10 c.

En Belgique, on compte encore parfois par *florins :* 189 *florins* = 400 *francs*.

A Hong-Kong, le *florin* s'appelle *guilder*.

FRANC. — V. page 119, pour le système monétaire français.

En Belgique, à Monaco, en Suisse, en Tunisie, le *franc* est
semblable au *franc* de France.

En Tunisie, 1 *piastre* et 10 *caroubes* = 1 *frank ;* 13 *caroubes* ou 1 noufsfrank = 50 *centimes*.

*FRÉDÉRIC. — Or.   ALLEMAGNE.

Ancienne monnaie.

	Poids.	Titre.	Valeur.
Double-frédéric	13,364		41,54
Frédéric.	6,682	900/1000	20,77
1/2 frédéric.	3,341		10,38

G

GHAZI. — Or.   ARABIE.

Pièce de Djeddah valant environ 5 *francs* 45 centim., appelée
ghazi du sultan Mahmoud.

*GHERSCH. — Argent.   TRIPOLITAINE.

Ancienne monnaie qui n'existe plus que comme monnaie de
compte :

1 ghersch ou *piastre* de 100 *paras* = 2 fr. 20.
8   —   = 1 *mahbouh* = 17 fr. 60.

GOURDE. — Argent. Haïti.

Argent :			Poids.	Titre.	Valeur.
1 *gourde* =	100 centièmes. .		25 »	900/1000	5 »
1/2 — =	50 —	. .	12,50)		2,50
1/5 — =	20 —	. .	5 » }	835/1000 {	1 »
1/10 — =:	10 —	. .	2,50)		0,50

Bronze :					
1/50 *gourde* =	2 centièmes. .	0,50)		0,10
1/100 — =	1 centième. . .	0,25 }	nominale {	0,05

Comme monnaie de compte, la *gourde* = 5 fr. 333.

*GRANO. — Billon. Italie.

Ancienne monnaie napolitaine = 1/100 *ducat* = 1/20 *taro* = 1/10 *carlino* = 4 1/4 centimes.

*GROAT. — Argent. Angleterre.

Ancienne monnaie :

1 *groat* = 4 pence. 1,885   925/1000   0,39

GROSCHIA. Turquie.

Monnaie de compte crétoise valant environ 20 centimes.

*GROTE. — Argent. Allemagne.

Ancienne monnaie (Brême).

1 *grote* = 1/72 *thaler louis d'or* à 5 schwarens = 4 fr. 10
= environ 40 centimes.

*GUERCHE. — Cuivre. Éthiopie.

Ancienne monnaie supprimée en 1897 : il y avait des pièces de 1 *guerche*, de 1/2 *guerche*, de 1/4 *guerche*. Elles sont remplacées par les suivantes :

Nouvelle monnaie fabriquée à la Monnaie de Paris en vertu d'un décret de l'empereur Ménélik (1897) :

	Poids.	Titre.	Valeur.
Argent :			
1 guerche = 1/20 talari (Voy. TALARI).	1,4037	835/1000	1 »
Cuivre pur :			
1/5 guerche = 1/100 talari. .	5 »	nominale	0,05

GUILDER. HONG-KONG.

Nom donné au *florin* (2,10).

1) GUILLAUME. — Or. ALLEMAGNE.

Nom donné à la pièce de 1 cou-
ronne (*Krone*): Wilhelm = 10 *marks* 3,982 } 900/1000 { 12,34
Double-guillaume . . . . 7,965 } { 24,69

2) GUILLAUME. — Or. HOLLANDE.

Nom donné à la pièce de
10 *florins :* Wilhelm. . . . . . . 6,720 } 900/1000 { 20,83
Double-guillaume . . . . 13,440 } { 41,67

GUINÉE. — Or. ANGLETERRE.

Ancienne monnaie restée monnaie de compte = 21 *shil-lings.*

1 guinée (*guinea*) = 21 shillings. 8,38 } 916 2/3/1000 { 26,47
1/2 — = 10 shillings 1/2. . . . 4,19 } { 13,23

GUINÉE. SÉNÉGAL.

Monnaie de valeur très variable employée surtout pour le commerce des tissus.

1) GULDE. — Argent. ALLEMAGNE.

Ancienne monnaie correspondant au *florin* et subdivisé en 60 *kreutzer* à 12 *pfennige :*

	Poids.	Titre.	Valeur.
2 *gulden*.	21,164 }		} 4,21
1 *gulde*.	10,582 }		} 2,12

7 *gulden* = 12 *rmk.* = 4 *thalers.*

2) *GULDE. — Argent.   AUTRICHE.

Ancienne monnaie correspondant au *florin* et subdivisée en 20 *marks de Cologne* = 60 kreutzers à 4 *pfennige* = 8 *schillings* = 20 gros = 2 fr. 60 c.

On compte encore en *gulden* dans divers pays, entre autres à Java.

GUNDA. — *Voy.* CAURIS.

H

HALALA. — Billon.   ARABIE.

On appelle ainsi, au Béloutchistan, le *métallique* de 10 *paras.*

HELLER. — Billon.   AUTRICHE.

La *couronne* autrichienne se divise en 100 *heller.*

Nickel pur :

20 *heller*.	4 » }		} 0,21
10 —	3 » }		} 0,105

Bronze :

2 *heller*.	3,33 }	cuivre 95	} 0,02
1 —	1,66 }	étain 4	} 0,01
		zinc 1	

nominale

I

IKLIK. — Argent. TURQUIE D'ASIE.

Monnaie courante, circulant particulièrement à Aïn-Tab, mais non acceptée par les caisses de l'Etat.

							Valeur.
1 *iklik* vaut environ 9	*piastres*	= environ	. . .	1,90
1/2 —	—	4 1/2	—	=	—	. . .	0,95
1/4 —	—	2 1/4	—	=	—	. . .	0,47
1 *iklik chami* —	8	—	=	—	. . .	1,92
1/2 —	—	4	—	=	—	. . .	0,96

*ILAVOAMENA. — Argent; cuivre. MADAGASCAR.

Ancienne monnaie indigène = 1/48 piastre pesant 0,56 grammes et valant au pair 10 centimes.

Il y en a en cuivre valant aussi 10 centimes nominalement.

IMPÉRIALE. — Or. RUSSIE.

	Poids.	Titre.	Valeur.
Ancienne 1/2 impériale (avant 1886)	6,945	916/1000	20,65
Nouvelle 1/2 — (après 1886) = 7 roubles 1/2.	6,451	900/1000	20 »
Nouvelle impériale (après 1886) = 15 roubles	12,903		40 »

Les *nouvelles impériales* et *nouvelles 1/2 impériales* ont seules cours en France. En Turquie, on appelle l'*impériale* russe : *pul.* **Voy.** ROUBLE.

INCA. — Or. PÉROU.

La plus petite des pièces d'or péruviennes et la nouvelle unité monétaire (étalon d'or) remplaçant le *sole*.

IZABELLE. — *Voy.* DOBLON 1°. ESPAGNE.

IZABELLINA. VENEZUELA.

Nom donné à l'*izabelle* espagnole de 5 *pesos* = 5 *venezolanos* = 5 *bolivars* = 5 francs.

J

JETONS MÉTALLIQUES. — *Voy.* BONS DE CAISSE.

JOUGE DEL BELION. — *Voy.* BELION. MAROC.

K

KABILI RUPEE.
KABOUL (ROUPIE DE). } *Voy.* ROUPIE.

KAMERI. — Or. TURQUIE D'ASIE.

Monnaie courante à Aïn-Tab et à Marache — le *yusluk* d'Erzeroum — valant 2 1/2 à 3 *piastres* = 55 à 66 centimes.

KIROBO. — Argent. MADAGASCAR.

Monnaie indigène valant 1/4 *piastre*, pesant 6,52 grammes et valant 1 fr. 25 c.

KOPECK. — Argent; argent-billon; cuivre. RUSSIE.

Le *kopeck* est le centième du *rouble*.

Argent :

	Poids.	Titre.	Valeur.
50 *kopecks* = 1/2 rouble. . .	10 »	900/1000	1,333
25 —	5 »		0,666

Argent-billon :

20 *kopecks*	3,599		0,52
15 —	2,699	500/1000	0,39
10 —	1,799		0,26
5 —	0,899		0,13

Cuivre rouge :

5 *kopecks* (1)	16,38		0,13
3 —	9,83		0,07
2 —	6,55	nominale.	0,05
1 *kopeck*.	3,28		0,02
1/2 —	1,64		0,01
1/4 —	0,82		

KRAN. — Argent. AFGHANISTAN.

1 *kran* = 1/2 *roupie de kaboul* = environ 90 centimes.

KRAN. — Argent. PERSE.

Le kran est le dixième de l'*echrefi* ou *toman*.

2 *krans* = 3 *nokhouds*.

(1) Ces pièces ne sont plus frappées depuis 1882.

Argent :

	Poids.	Titre.	Valeur.
5 *krans* = 1/2 *echrefi* ou *toman*.	23 »		4,60
2 —	9,20		1,84
1 *kran* = 1 miscal (poids brut).	4,60	900/1000	0,92
1/2 — = 1 panabad.	2,30		0,46
1/4 — = 1 abessi	1,15		0,23

Cuivre :

1/20 *kran* = 1 chahi.	»	»	»	»		0,01

*KREUTZER. — Billon; argent.   Autriche-Hongrie.

Ancienne monnaie (avant 1893), le centième du *florin :*

	Poids	Titre	Valeur
5 *kreutzer*.	2,666	375/1000	
10 —	3,333	400/1000	0,15
10 —	4 »	500/1000	0,29

On disait aussi *neukreutzer*.

Le kreutzer — ou *neukreutzer* — valait 2 centimes.

Précédemment, l'ancien *florin de convention*, ou *gulde*, au pied de 20 par *mark de Cologne*, se subdivisait en 60 *kreutzers* de 4 *pfennig*.

En Bavière, dans le Grand-Duché de Bade et dans les Etats du Sud de l'Allemagne, le *gulde* ou *florin* se subdivisait en 60 *kreutzers* de 12 *pfennigs*. Le *kreutzer*, un peu plus de 3 centimes et 28 *kreutzers* étaient reçus pour 1 franc.

KRIMITZ. — Or.   Turquie.

Nom donné au *ducat*, dont la valeur varie, suivant les provinces, de 56 à 70 *piastres* = de 12 à 13 francs.

KRONA.

Nom de la *couronne* en suédois et en norvégien, semblable à la *krone* danoise.

1) **KRONE**. — Or.   ALLEMAGNE.

	Poids.	Titre.	Valeur.
Double-krone = 20 *marks*. . .	7,965		24,69
Krone ou *Guillaume*(*Wilhelm*).	3,982	900/1000	12,34
1/2 krone = 5 marks.	1,991		6,17

2) **KRONE**. — Or; argent.   AUTRICHE-HONGRIE.

Or (1) :

20 *kronen*.	6,775		21 »
10 —	3,387	900/1000	10,50
Argent :			
2 *kronen* 1/2 = 1 *florin* (2).	12,345		2,49
1 *krone* = 100 *heller*.	5 »	835/1000	1 »

La nouvelle unité monétaire à étalon d'or est la *krone-or* à 1 fr. 05.

3) **KRONE**. — Or; argent.   DANEMARK.

Or :

20 *kroner*.	8,960		27,78
10 —	4,480	900/1000	13,89
5 —	2,240		6,94
Argent :			
2 *kroner*.	15 »	800/1000	2,67
1 *krone* = 100 *öre*.	7,50		1,33

4 et 5) **KRONE**.   NORVÈGE; SUÈDE.

Comme en DANEMARK.

KROUNI.   PERSE.

Autre nom donné au KRAN.

KRUGER.   TRANSVAAL.

Nom donné à la livre sterling.

---

(1) Les pièces de 20 couronnes et de 10 couronnes n'ont plus cours légal au-dessous de 6 gr. 74 et 3 gr. 37.

(2) Nouveau cours légal du florin : *2 kronen*.

L

LAC.

Monnaie de compte.

			Valeur.
1 lac = 100.000 roupies	=environ		160,000
100 lacs = 1·crore	= —		16,000,000
10.000 — = 100 crores=1 mas=	—		1,600,000,000

Ces chiffres sont basés sur la roupie à 1 fr. 60 c. (Co⁸ rup), mais la valeur de ces monnaies de compte a beaucoup baissé avec celle du métal argent.

La formule d'écriture, pour les sommes importantes, en *mas*, *crores* et *lacs* est la suivante : la somme, par exemple, de 1.122.340.000 *roupies*, c'est-à-dire 1 *mas*, 12 *crores*, 23 *lacs*, 40.000 *roupies*, faisant, à 1 fr. 60 la *roupie*, 1.795.744.000 francs, s'écrit ainsi :

$$1, 12, 23, 40,000 \ rup,$$

et se lit : 1 *mas*, 12 *crores*, 23 *lacs*, 40.000 *rup*,

LEPTON. — Billon.

Le *lepton*, centième de la *drachme* ;

Argent :

	Poids.	Titre.	Valeur.
1 drachme = 100 *lepta*. . . .	5 »		1 »
50 *lepta*.	2,50	835/1000	0,50
20 —	1 »		0,20
Bronze :			
10 *lepta*.	10 » » »		0,10
5 —	5 » » »		0,05
2 —	2 » » »		0,02
1 *lepton*.	1 » • »		0,01

Nickel et cuivre :

	Poids.	Titre.	Valeur.
20 *lepta*.	4 »	» »	0,20
10 —	3 »	» »	0;10
5 —	1 »	» »	0,05

1) LEU. — Argent. BULGARIE.

	Poids.	Titre.	Valeur.
5 *leva*.	25 »	900/1000	5 »
2 —	10 »		2 »
1 *leu* = 100 *stotinkis*.	5 »	835/1000	1 »
1/2 — = 50 —	2,50		0,50

nominale

2) LEU. — Argent. ROUMANIE.

Or :

	Poids.	Titre.	Valeur.
20 *lei*.	6,452		20 »
10 —	3,226		10 »
5 —	1,613	900/1000	5 »
Argent :			
5 *lei*.	25 »		5 »
2 —	10 »		2 »
1 *leu* = 100 *bani*.	5 »	835/1000	1 »
1/2 — = 50 —	2,50		0,50

LEVANTIN. — Argent. AUTRICHE-HONGRIE.

Nom donné au Thaler Marie-Thérèse 1780, monnaie de commerce sans valeur officielle. 28,075 833/1000 5,20

LI. — *Voy*. CANDAREEN. CHINE.

LIANG. — *Voy*. TAEL. CHINE.

LIGATURE. INDO-CHINE.

L'ancienne *ligature*, encore employée en Annam, composée de 600 *sapèques* en zinc percées d'un trou au centre, se divise en 10 *tiens* de 60 *sapèques*. Son cours, spécial à chaque province, varie de 7 à 8 *ligatures* pour une *piastre* à 5 fr. 44. La *ligature* vaut donc, suivant les localités, de 65 à 80 centimes environ.

LIRA. — Argent.   ITALIE.

Or :	Poids.	Titre.		Valeur.	
100 *lire*.	32,258			100	»
50 —	16,129			50	»
20 —	6,4516			20	»
10 — . . . . . , . . .	3,2258	900/1000		10	»
5 —	1,6129			5	»
Argent :					
5 *lire*	25 »			5	»
2 —	10 »			2	»
1 *lira* = 100 *centesimi*. .	5 »	835/1000		1	»
1/2 — = 50 — . .	2,50			0,50	

1) **LIVRE STERLING** (POUND). — Or.   ANGLETERRE.

La *livre sterling* anglaise, appelée *pound sterling* ou souverain (*sovereign*) s'indique par une *L* majuscule barrée, placée *avant* la somme : £ *10*, c'est-à-dire 10 livres = 250 francs.

Au contraire, les *shillings* et les *pence* s'indiquent par une *s.* et un *d.* minuscules placés après chaque somme : £ *10 9 s. 6 d.* c'est-à-dire 10 livres 9 shillings et 6 pence.

5 *livres* = 100 *shillings*. . .	39,940		126,10
2 — ou *double-souverain* = 40 *shillings*.	15,976	916 2/3/1000	50,44
1 *livre* = 20 *shillings* ou souverain	7,988		25,22
1/2 — = 10 *shillings*. . . .	3,994		12,61

Monnaie de compte : 1 *guinée* (*guinea*) = 1 *livre* et 1 *shilling* = 26 fr. 47 c.

2) LIVRE. — Or. EGYPTE.

La *livre égyptienne* est l'unité monétaire de l'Egypte depuis le décret du **14** novembre 1785 (7 seffer 1303). Elle se divise en 100 *piastres*, divisées elles-mêmes en 10 *ochr'-el-guerche* (dixièmes).

	Poids.	Titre.	Valeur.
1 *livre* = 100 *piastres* = 1000 *ochr'-el-guerche*	8,50	875/1000	25,61
1/2 — ou 50 *piastres*	4,25		12,80

3) *LIVRE. — Argent. ESPAGNE

Ancienne monnaie catalane de compte = 20 sous = 2 fr. 87.

4) *LIVRE. — Argent. FRANCE.

Ancienne monnaie : *livre tournois* = 20 sous = 80 liards = 240 deniers.

On retrouve l'origine des abréviations anglaises : £ (*pounds*), **s.** (*shillings*), **d.** (*pence*) dans les anciens noms français *livres, sous, deniers*.

5) *LIVRE. ITALIE.

Ancienne monnaie piémontaise = 20 *sous* = 1 fr. 48 c.
— — sarde = 20 *sous* = 240 *deniers* = 1 fr. 97.

5 *livres sardes* = 1 *dopietto* = 9 fr. 87.
25 — = 1 *carlino* or = 49 fr. 34.

6) LIVRE. — Or. TURQUIE.

		Poids	Valeur
5 *livres* = 500 *piastres* = 1 *bourse* = 25 *medjidieh* . .	36,082		113,92
2 — 1/2 = 250 *piastres* = 1/2 *bourse*	18,041	916 2/3/1000	56,96
1 *livre* = 100 *piastres*	7,216		22,78
1/2 — = 50 —	3,608		11,39
1/4 — = 25 —	1,804		5,70

La valeur de la livre turque, comptée en *piastres* de 22 centimes — sauf à Candie où on la compte en *groschia* — varie beaucoup suivant les provinces : de 100 à 135 et même 180, mais elle reste, en moyenne, entre 104 et 108 piastres.

LOSO. — Argent.   MADAGASCAR.

Monnaie indigène.

1 *loso* = 2 *kirobo* = 4 *sikajy* = 6 *roavoamena* = 24 *ilavoamena* = 36 *eranambatry* = 48 *varifitoventy* = 72 *varidimoventy* = 2 fr. 50 environ.

M

MACE. — Argent.   CHINE.

1 mace ou *tsien* = 1/10 taël = environ 75 centimes.
1 — = 10 *fen* ou *candareens* = 100 *li* ou cashes.
7 — et 2 *candareens* = 1 piastre = 0,72 taël.

Mais ces rapports, variables suivant les contrées, et qui feraient ressortir la valeur de la *piastre* à plus de 10 francs, doivent être réduits de plus de moitié par suite de la baisse de l'argent qui fait descendre le *taël* aux environs de 3 francs.

A Sumatra, le *mace* s'appelle *meh*.

*MAHBOU. — Argent.   TRIPOLI.

Ancienne monnaie qui n'existe plus que nominalement, mais encore employée comme unité par les Arabes de la campagne : le mahbou se divisait en 8 *gherschs* ou *piastres* de 100 *paras*.

MAHAMOUDI. — *Voy.* Abiad. ARABIE.

MANGAR. — Cuivre. TURQUIE d'Asie.

Monnaie courante à Aïn-Tab et Marache = 2 1/2 *paras* et valant environ 1 centime.

On l'appelle *menghir* dans certaines provinces.

*MARAVEDI. — Billon. ESPAGNE.

Ancienne monnaie catalane de compte = 1/18 sou, c'est-à-dire moins qu'un centime.

18 *maravédis* = 12 *dineros* — 4 1/2 *cuartos* = 1 *sou* = 1/20 *livre catalane* = environ 14 centimes.

34 *maravédis* = 8 1/2 *cuartos* = 1 *réal* = environ 27 centimes.

MARENGO. — Or. ITALIE.

Pièce de 20 francs, frappée à Turin en 1800.

1) MARK. — Argent. ALLEMAGNE.

Unité monétaire de l'Empire d'Allemagne, et appelée aussi *Reichsmark : Rmk.*

Or :	Poids.	Titre.	Valeur.
20 *marks* = 1 *double krone*. .	7,965		24,69
10 — = 1 *krone* ou *Guillaume* (*Wilhelm*).	3,982		12,34
5 —	1,991		6,17
Argent :		900/1000	
5 *marks*.	27,778		5,56
2 —	11,111		2,22
1 *mark* = 100 *pfennig*. . . .	5,556		1,11
1/2 — = 50 —	2,778		0,56
1/5 — = 20 —	1,111		0,22

100 *marks* = 123 fr. 46 c.

100 *francs* = 81 marks.

2) *MARK. DANEMARK.

Ancienne monnaie de compte.

1 mark = 1/6 rigsdaler-rigsment = 1/4 mark banco de Hambourg = 16 shillings = 47 centimes environ.

*MARK BANCO. ALLEMAGNE.

Ancienne monnaie de compte hambourgeoise. On comptait par marks banco (banco mark) et marks courants subdivisés en shillings de 12 deniers.

1 mark banco = rm/ nouveau 1,50 = 1 fr. 87 c.

1 — courant = 111 banco-mark = légalement 1,53.

En versant à la Banque de Hambourg 1 livre où 500 grammes d'argent fin, on était crédité de 59 1/3 marks-banco.

Voy. MONNAIE DE BANQUE.

MARKKAA. — Argent. RUSSIE.

Unité monétaire de Finlande.

Or :	Poids.	Titre.	Valeur.
20 markkaa	6,452	900/1000	20 »
10 —	3,226		10 »
Argent :			
2 markkaa	10,365	868/1000	2 »
1 — = 100 penni	5,182		1 »
1/2 — = 50 —	2,549	750/1000	0,50
1/4 — = 25 —	1,274		0,25

(nominalement)

MAS. — Voy. LAC. INDES ANGLAISES.

MAUNDY MONEY. ANGLETERRE.

On appelle ainsi les pièces de 4, 3, 2 pence et de 1 penny frappées spécialement, suivant la tradition, pour le Roi ou la Reine à l'occasion du Jeudi Saint (Maundy thursday).

MAUVAIS REIS. — *Voy.* Reis.   Malabar.

MEDJIDIEH. — Argent.   Turquie.

		Poids.	Titre.	Valeur.
1 medjidieh = 20 *piastres*. .	24,055		4,44
1/2 — = 10 — . .	12,027		2,22
1/4 — = 5 — . .	6,013		1,11
1/10 — = 2 — . .	2,405	830/1000	0,44
1/20 — = 1 *piastre* = 40 paras.	1,202		0,22
1/40 — = 1/2 *piastre* = 20 paras.	0,601		0,11

La valeur du medjidieh varie considérablement dans les provinces des deux Turquies : de 18 à 30 piastres et même davantage.

MEH. — *Voy.* Tael.   Sumatra.

MENGHIR. — *Voy.* Mangar.   Turquie d'Asie.

MÉTALLIQUE.   Turquie.

Les *métalliques* = 1/4 ou 1/2 piastre, sont d'anciennes monnaies qui circulent encore et servent surtout de monnaie d'appoint pour les pièces de 1/4, 1/10, 1/20 de medjidieh d'argent. Le *métallique* 1/4 *piastre* vaut environ 5 à 6 centimes et celui de 1/2 piastre, 10 à 12, mais sa valeur, comptée en paras (autrefois 20 *paras*), varie, suivant les provinces, entre 10 et 18 *paras*, c'est-à-dire 5 à 10 centimes.

METSKAL. — Argent.   Maroc.

Nom marocain donné au *ducat*.

1 *metskal*	0,40
1/10 — = 1 *dirhem* (onço).	0,04
1/40 — = 1 *mouzonna*.	0,01

MILAN..   Serbie:

Nom donné, en Serbie, à la pièce de 20 dinars = 20 francs.

1) MILREIS. — Argent.   Brésil.

Le *milreis* = 1.000 *reis* est unité et monnaie de compte valant au pair 2 fr. 60.

Or :	Poids.	Titre.	Valeur.
20 milreis.	17,929		56,63
10 —	8,965		28,32
5 —	4,482		14,16
Argent :		916 2/3/1000	
2 milreis.	25,5		5,19
1 — = 1000 reis. . . .	12,75		2,60
1/2 — = 500 —	6,375		1,30

2) MILREIS.   Malabar.

Le *milreis* portugais est la seule monnaie légale de compte pour le commerce d'exportation.

3) MILREIS.   Mozambique.

Le *milreis* portugais sert de monnaie de compte ainsi que le *réal* portugais.

4) MILREIS. — Or.   Portugal.

Le *milreis* (1000 *réaux*) est l'unité monétaire : c'est le dixième d'une couronne (*coroa*).

Or :			
1 couronne = 10 milreis. .	17,735		56,02
1/2 — = 5 — . .	8,868		28,01
1/5 — = 2 — . .	3,547	916 2/3/1000	11,20
1/10 — = 1 — =			
10 tostaos = 1000 reis. .	1,774		5,60

1.000 *milreis* font 1 *conto*.

MISCAL. PERSE.

Nom d'un poids employé pour la monnaie d'argent et équivalant au *kran* (91 centimes). (*Voy.* KRAN.)

MOHUR. — Or. INDES ANGLAISES.

Le poids du *mohur* est celui de la roupie courante d'argent (11,664), et comme il contient 10,692 grammes d'or fin, sa valeur est de 36 fr. 83.

		Poids.	Titre.	Valeur.
1 mohur = 15 roupies. . . .		11,663		36,83
2/3 — = 10 —	. . . .	7,776	916 2/3/1000	24,55
1/3 — = 5 —	. . . .	3,888		12,28

MOUZONNA. MAROC.

La plus petite monnaie de compte marocaine, qui vaut 1 centime.

N

NAKECHLI. — Argent. TURQUIE D'ASIE.

Monnaie divisionnaire qui circule à Aïn-Tab, mais qui n'est pas acceptée par les caisses de l'Etat.

1 *nakechli* est compté pour 3 *piastres*	0,66
1/2 — — — 1 1/2 piastre	0,33
1 *nakechli touralu* — 2 3/4 piastres	0,60

NAPOLÉON. — Or. FRANCE.

Dans presque tous les pays du monde c'est sous le nom de *napoléon* — et non comme en France sous celui de louis — que la pièce d'or de vingt francs est connue.

*NASSER. — Cuivre.   TUNISIE.

Monnaie retirée qui valait 2 centimes.

2 nasser = 1 caroube; 1 nasser = 1 1/2 aspre.

NEUKREUTZER.   AUTRICHE.

Nouveau kreutzer : 1/100 florin = 2 1/2 centimes. Voy.
KREUTZER.

NOKHOUD. — Argent.   PERSE.

Pièce valant environ 3 centimes.

6 nokhouds = 1 abassi.
12   —   = 1 panabad.
24   —   = 1 miscal.

NOUFS. — Voy. NASSER.   TUNISIE.

*NOUFSFRANK. — Argent = 50 cent. ⎫
*NOUFSRIAL. —   —   = 30 — ⎬ Monnaies retirées.

NOUSRIAL. — Argent.   MAROC.
                                                          Valeur.
1 nousrial = 1/2 rial = 2 1/2 pesetas 2,50

O

OCHR'-EL-GUERCHE. — Nickel.   EGYPTE.

L'ochr'-el-guerche est le dixième de la piastre et le
millième de la livre égyptienne qui est l'unité monétaire :

1.000 ochr'-el-guerche = 1 livre (unité monétaire) . . 25,61
  10   —   = 1 piastre 0,25

Nickel :	Poids.	Titre.		Valeur.
5 ochr'-el-guerche	4 »	nickel 25		0,125
2 —	2,50	cuivre 75	nominalement	0,05
1 —	1,75			0,025
Bronze :				
1/2 ochr'-el-guerche.	3,33			0,012
1/4 —	2 »			0,005

1) ŒRE. — Bronze. DANEMARK.

L'Œre — ou ore — est le centième de la *krone*, unité monétaire = 1 fr. 389.

Argent :				
25 ore = 1/4 *krone*.	2,42	600/1000		0,32
10 —	1,45	400/1000	nominalement	0,13
Bronze :				
5 ore	8 »	cuivre 95		0,065
2 —	4 »	étain 4		0,026
1 —	2 »	zinc 1		0,013

2) ŒRE. — Bronze. NORVÈGE et SUÈDE.

L'œre norvégien comme l'œre suédois est en tout semblable à l'œre danois : mêmes pièces, titres, poids, valeur; mais il y a en plus, dans chacun de ces deux pays, une pièce de 50 œre :

Argent :

50 ore = 1/2 *krona* (en Norvège et en Suède). . . . . 5 » 600/1000 0,64

ŒSTREICHISCHER WÆRUNGS-FLORIN. AUTRICHE-HONGRIE.

Ancienne monnaie de compte : *gulde* ou *florin* au pied de 45 par 1/2 kilogr. fin (45 fl.). Abréviation : ö. w. fl. Ce florin se divise en 100 neukreutzer = 2 fr. 47, mais s'échange contre deux couronnes nouvelles, soit sur la base de 2 fr. 10, équivalent exact du florin, *au change*, à l'époque où la loi de 1893 fut votée.

OMLA REAL. ARABIE.

Monnaie fictive (Djeddah) = 40 *racines* = 28 piastres (monnaie courante) = environ 5 fr. 40.

1) *ONCE. — Or. BOLIVIE.

Ancienne monnaie d'or, dont la frappe est suspendue depuis longtemps et qu'on ne rencontre plus. Il en est de même pour l'*escudo* d'or.

2) *ONCE. — Or. ESPAGNE.

Ancienne monnaie espagnole qu'on rencontre surtout dans les colonies et qu'on appelle aussi *pistole quadruple*.

		Poids.	Titre.	Valeur.
Once d'or	1730 à 1772	= 320 réaux = 27 gr. 06	917/1000	85,44
ou pistole	1772 à 1786		896/1000	83,50
quadruple	1786 à 1848		875/1000	81,56

1 once d'or = 8 *escudos* = 16 *piastres*.

3) *ONCE. — Or. ITALIE.

Ancienne monnaie napolitaine qui valait 6 *ducats* . 25,50
La demi-once d'or s'appelait *oncette* = 3 — . 12,75

4) ONCE. — Argent. MAROC.

	Poids	Titre	Valeur
10 onces = 1 *piastre*.	29,12	900/1000	5,82
5 —	14,56		2,41
2 — 1/2.	7,28	835/1000	1,20
1 —	2,91		0,48
1/2 —	1,45		0,24

5) ONCE. — Or. MEXIQUE.

Même pièce que la dernière des trois espagnoles ci-dessus.

ONCETTE. — *Voy*. Once 3°.   Italie.

ORBA RIAL. — Argent.   Maroc.
Valeur.
1 orba rial = 1,25 pesetas. 1,25
L'orba rial est la moitié du *nous rial* et le quart du *rial*.
1 orba rial = 5 belion = 2 1/2 *jouge del belion*.

ORT.   Norvège.

Ancienne monnaie de compte, le cinquième du *specie daler :*
l'*ort* (*mark*) = 24 shillings = 5 fr. 55.

O. W. FL. — *Voy*. Œstreichischer wærungs-
florin.   Autriche.

P

*****PAGODE**. — Or.   Indes anglaises.

Ancienne monnaie de poids variable suivant les régions.
La *pagode du gouvernement* était monnaie étalon à Madras
avant 1818 et contenait réglementairement 42,018 grains d'or
fin = 9 fr. 38 et évaluée communément à 8 shillings anglais.
La pagode de Pondichéry ne contient que 37,2 grains d'or
fin = 8 fr. 42.

PAÏCE. — Billon.   Pondichéry.

1 païce = 1/12 *anna* = 1/24 *fanon* = 1/192 *roupie* = environ 1 1/2 centimes.

PANABAD. — Argent.   PERSE.

1 panabad = 0,50 kran (ou miscal) = 12 nokhouds.

1 panabad	2,30	900/1000	0,46
1/2 — = 1 abassi.	1,15		0,23

Cuivre :

1/10 panabad = 1 chahi. . . .	» » » »		0,04

*PAPETTO. — Argent.   ITALIE.

Ancienne monnaie romaine qui valait 1/5 écu, ou 1 lira, 075 = 1 fr. 075.

1) *PARA. — Cuivre.   ROUMANIE.

Ancienne monnaie qui valait un peu moins d'un centime : l'ancienne *piastre* de 40 paras valait 37 centimes.

2) PARA. — Nickel.   SERBIE.

Le *para* serbe vaut nominalement 1 centime.

Le *para* est le centième du *dinar :*

Argent :

50 paras = 1/2 dinar.	2,50	835/1000	0,50

Nickel :

20 paras.	6 »	cuivre 75	0,20
10 —	4 »	nickel 25	0,10
5 —	3 »		0,05

Cuivre :

10 paras.	10 »	cuivre 95	nominalement	0,10
5 —	5 »	étain 4		0,05
1 para	1 »	zinc 1		0,01

3) PARA. — Cuivre ; bronze.   TURQUIE.

Le *para* est le quarantième d'une *piastre*, unité monétaire valant au pair 0 fr. 2278. Le *para* vaut donc un peu plus de la moitié d'un centime.

Il y a, à la fois, des pièces d'argent d'*une piastre* et d'*une demi-piastre*, et des pièces, soit de cuivre, soit de bronze, de 40 *paras* (= 1 *piastre*) et de 20 *paras* (= 1/2 *piastre*). — Voy. Piastre.

Cuivre ou bronze :	Poids.	Titre.	Valeur.
40 paras = 1 *piastre*. . . .	21,386	cuivre ou bronze à 95 0/0 de cuivre	0,22
20 — = 1/2 —	10,693		0,11
10 —	5,347		0,05
5 —	2,673		0,02
1 para.	0,534		0,005

4) PARA. TURQUIE D'ASIE.

On trouve le para dans toute la Turquie d'Asie ; il y est employé pour établir la valeur courante des différentes pièces en circulation, telles que les *métalliques*, *météliks*, *mangars*, *menghirs*, *piastres*, etc.

PARDO. MALABAR.

Monnaie de compte.

Le *pardo* vaut 240 *bons reis* ou 300 *mauvais reis* = 1 fr. 35 environ. *Voy.* Reis (Malabar).

PARDOW. — Or. SUMATRA.

Monnaie indigène.

Le *pardow* est le quart du *taël;* il vaut 4 *mehs* = 16 *co-pangs*, pèse 2 gr. 236 et vaut environ 7 francs.

*PAULO. — Argent. ITALIE.

Ancienne monnaie romaine, encore employée populaire-ment et valant 50 centimes.

PEISSA. — Billon. ARABIE.

1 *peissa* = 1/64 *roupie* = 1/12 *mahamoudi blanc (abiad)*

$= 1/4$ *mahamoudi noir (assouad)* $= 1/4$ *anna* $= 1/25$ krouni persan $=$ environ 3 centimes.

PENDJ-HÉZARI. — Or.

PERSE.

	Poids.	Titre.	Valeur.
1 *pendj-hézari* $= 1/2$ *toman* $=$ 5 *krans* $= 7$ *nokhouds* 1/2. . .	1,425	900/1000	4,42

PENNI. — Cuivre.

RUSSIE.

Monnaie finlandaise, le centième d'un *markkaa* qui vaut 1 franc et est l'unité monétaire du régime spécial du Grand-Duché de Finlande.

Argent :

50 *penni* $= 1/2$ *mark*.	2,549	750/1000	0,50
25 —	1,274		0,25
Bronze :			
10 *penni*	12,796 » »	nominalement	0,10
5 —	6,398 » »		0,05
1 —	1,279 » »		0,01

1) PENNY. — Pluriel : *pence*. Abrév. : *d*. —
Bronze.

ANGLETERRE.

Le *penny* est le douzième du *shilling*, la 240° partie de la livre (*pound*) qui est l'unité monétaire.

Argent :

6 pence $=$ 1/2 shilling. . . .	2,827		0,58
4 —	1,885		0,39
3 —	1,413	925/1000	0,29
2 —	0,942		0,19
1 *penny*	0,471		0,095
Bronze :			
1 penny $=$ 4 *farthings*.	9,449 » »		0,105
1/2 —	5,669 » »		0,05
50 *pence* $=$ 1 *dollar* $=$ 5 francs.			

2) **PENNY**. — Bronze. INDES ANGLAISES.

1 penny == 1 *anna;* 16 pence (ou *annas*) == 1 roupie : équi-valences variables suivant la baisse de l'argent.

3) **PENNY**. — Bronze. TERRE-NEUVE.

Le *penny* terre-neuvien vaut deux *cents* == 10 centimes.

1) **PESETA**. — Argent. ESPAGNE.

Unité monétaire, la *peseta* de 100 *centimos* vaut au pair 0 fr. 93, car, bien que le système espagnol, établi par le dé-cret du 20 octobre 1868, soit basé sur la convention de 1865 entre les pays de l'Union latine, comme l'Espagne ne fait pas partie de cette Union, les monnaies espagnoles n'ont pas libre-ment cours en France.

Or :

	Poids.	Titre.	Valeur.
100 pesetas	32,258		100 »
50 —	16,129		50 . »
25 —	8,064	900/1000	25 »
20 —	6,451		20 »
10 —	3,225		10 »
5 —	1,612		5 »

Argent :

	Poids	Titre	Valeur
5 pesetas	25 »	900/1000	5 »
2 —	10 »		2 »
1 peseta = 100 *continos*. .	5 »	835/1000	1 »
1/2 — = 50 — . .	2,50		0,50

(nominale)

Antérieurement au système monétaire de 1868, il y avait en Espagne :

Argent :

	Poids	Titre	Valeur
1 peseta = 4 réaux.	5,192	810/1000	0,93
1 media peseta (1/2 p.) = 2 réaux.	2,596		0,46

Enfin, parmi les anciennes monnaies espagnoles que l'on rencontre surtout encore dans les colonies, il y a :

Argent :

	Poids.	Titre.	Valeur.
1 *peseta* = 1/5 *piastre forte* === 4 *réaux de Vellon*	5,814	812/1000	1,05

2) **PESETA**. — Argent. PHILIPPINES (ILES).

La *peseta* est prise comme unité monétaire de compte concurremment avec la *piastre* ou *duro*.

1) **PESO**. — Or; argent. AMÉRIQUE CENTRALE.

On compte actuellement, dans l'Amérique centrale, en *piastres*, en *dollars*, en *pesos :* le *peso* d'or ou d'argent équivaut à la pièce française de 5 francs, en or ou en argent.

Or :

20 *pesos*	32,258		100 »
10 —	16,129		50 »
5 —	8,064		25 »
2 — 1/2	4,032	900/1000	12,50
1 —	1,619		5 »
Argent :			
1 *peso* = 100 *cents*.	25 »		5 »
1/2 — == 50 —	12,50		2,50

2) **PESO**. — Or; argent. ARGENTINE (RÉPUBLIQUE).

Unité monétaire : le peso d'or ou d'argent (*piastre*) de 100 *centavos*, qui vaudrait, au pair, en monnaie française, 5 francs.

Argent :

1 *peso* == 1/5 *argentino* === 100 *centavos*	25 »	900/1000	5 »
1/2 — == 50 *centavos*. . . .	12,50		2,50

3) **PESO**. — Argent; or. CHILI.

Or :	Poids.	Titre.	Valeur.
1 peso = 1/2 escudo.	1,525		4,73
Argent :		900/1000	
1 peso = 100 centavos. . . .	25 »		5 »
1/2 — = 50 —	12,50		2,50

Monnaie de compte : *piastre* ou *peso corriente* = 100 centavos = 5 francs.

4) **PESO**. — Argent. COLOMBIE.

1 peso = 1/10 *condor* = 10 *decimos* = 100 *centavos*.

Le *peso ancien*, ou ancienne *piastre faible*, appelé *sencillo* = 8 réaux, ne valait que 4 francs.

5) **PESO**. — Argent. GUATEMALA.

1 peso = 5 francs.

6) **PESO**. — Argent. HONDURAS.

1 peso = 5 francs.

7) **PESO**. — Or; argent. MEXIQUE.

Unité monétaire : le *peso* d'argent (*piastre mexicaine*) de 100 *centavos*, dont la valeur au pair, en monnaie française, serait de 5 fr. 43.

Or :			
20 pesos	33,841		102 »
10 —	16,92		51 »
5 —	8,46	875/1000	25,50
2 — 1/2	4,23		12,75
1 peso	1,692		5,10

Argent :			
1 peso ou *piastre mexicaine* =			
100 centavos.	27,073		5,43
1/2 — = 50 centavos. . . .	13,536	902/1000(1)	2,71
1/4 — = 25 —	6,768		1,35

(1) Chiffre très variable.

Monnaie de compte : *peso* d'argent de 100 *centavos* = 8 *réaux de Plata* = 5 fr. 43.

Le *peso américain*, appelé aussi *piastre mexicaine* et *dollar mexicain*, ne circule pas seulement au Mexique ; il forme la monnaie courante de beaucoup de pays d'Amérique, d'Asie, et même d'Afrique. Mais comme le monnayage et surtout l'affinage laissent parfois beaucoup à désirer et varient d'une à l'autre des onze Monnaies mexicaines, il en résulte que les pesos de certains de ces établissements — par exemple ceux de GUADALAJARO et de DURANGO valent 2 0/0 et même 4 0/0 (OAXACA) de plus que, par exemple, ceux de MEXICO et de GUANAJUATO.

8) PESO. — Argent. PARAGUAY.

Monnaie de compte : *peso* ou *piastre forte* de 100 *centavos* = 5 francs.

9) PESO. — Argent. URUGUAY.

1 *peso* = 100 *centesimos*. . . 25 »	900/1000	5 »	
1/2 — = 50 — . . . 12,50		2,50	

Monnaie de compte : *piastre* ou *peso national* = 10 *réaux*.

PESO SENCILLO. — Argent. ESPAGNE.

On appelle ainsi, principalement à Barcelone, la *piastre* simple ou faible, ancienne monnaie, qu'on retrouve en COLOMBIE, où elle vaut 8 réaux = 4 francs.

15 7/8 *pesos sencillos* = 11,854 *piastres fortes*.

1) PFENNIG. — Bronze ; nickel. ALLEMAGNE.

Le *pfennig* est le centième du *mark*.

Argent :

50 *pfennig* = 1/2 *mark*. . . . 2,778	900/1000	0,56	
20 — 1,111		0,22	

Nickel :	Poids.	Titre.		Valeur.
20 *pfennig*.	6 »	nickel 25		0,217
10 —	4 »	cuivre 75		0,123
5 —	2,5		nominalement	0,061
Bronze :				
2 *pfennig*.	3,33	cuivre 95		0,024
1 —	1 »	étain 4		0,012
		zinc 1		

2) PFENNIG. AUTRICHE.

Ancienne monnaie : le quart d'un *kreutzer*, environ 1 centime.

Le *florin de convention*, ou *gulde*, ou pied de 20 *marks* de Cologne, se subdivisait en 60 kreutzer : 240 *pfennig*.

3) PFENNIG. GUYANE.

L'ancien pfennig hollandais était naturellement employé et même se rencontre encore dans la Guyane hollandaise.

4) PFENNIG. HOLLANDE.

Dans l'ancienne monnaie hollandaise, le *florin* se divisait en 20 *stuivers* de 16 *pfennigs*.

1) PIASTRE. ANTILLES.

Dans la RÉPUBLIQUE DOMINICAINE, on compte en *piastres fortes*, appelées aussi *dollars* ou *gourdes*, de 100 *cents* = 5 fr. 37.

A la JAMAÏQUE, indépendamment de la monnaie anglaise, on compte le *doublon* (16 *piastres* or espagnoles) pour 3 £4 s. = 80 fr. 70 et la pièce de 5 *dollars* ou *piastres* £1 0s. 6 d. = 25 fr. 80.

A la TRINITÉ : *piastres* ou *dollars* à 100 cents = 5 fr. 38.

A la BARBADE : comme à la JAMAÏQUE.

A SAINT-THOMAS : piastres et onces espagnoles ont presque

complètement disparu, mais on se sert encore de la pièce espagnole de 5 *piastres*, connue sous le nom d'*isabellina* ou d'*alfonsino* = 25 fr.

Comme monnaie de compte, on se sert encore, entre autres, du *daler* (*thaler*), de la piastre ou dollar à 100 *cents* = 5 fr.

A LA HAVANE, la monnaie de compte est la *piastre* ou *peso* de 100 *centavos* = 5 fr., parfois divisée en 8 *réaux forts*.

A MATANZAS, PORTO-RICO, SAINT-DOMINGUE, on compte en *piastres* comme à LA HAVANE. La piastre mexicaine est, à peu près, la seule monnaie en circulation en dépit de l'interdiction qui la frappe : 20 *piastres* mexicaines = 19 *piastres* espagnoles.

2) **PIASTRE**. — *Voy.* PESO.   ARGENTINE (RÉPUBLIQUE).

3) **PIASTRE**. — Argent.   CHINE.

Argent :	Poids.	Titre.	Valeur.
1 *piastre* ou *dollar* = 100 sapèques = 0,72 *taël*.	26,9	900/1000	5,38
50/100 *piastre* = 50 sapèques = 0,36 *taël*.	13,45	866/1000	2,57
20/100 — = 20 sapèques.	5,38 ⎞		0,98 ⎛
10/100 — = 10 — .	2,69 ⎬ 820/1000		0,49
5/100 — = 5 — .	1,315 ⎠		0,24 ⎝

Dans les ports ouverts on emploie, comme monnaie de compte, pour les transactions commerciales, la *piastre mexicaine* d'argent 27,073 900/1000 5,43

Cette pièce est employée sous forme de *chopped dollar*. — *Voy.* CHOPPED DOLLAR.

L'argent n'étant pas compté en Chine comme dans les autres pays, mais *pesé* et l'unité étant représentée par une quantité d'argent Sycée — c'est-à-dire d'une grande pureté

(985/1000) en moyenne, avec, fréquemment, un peu d'or —
2 à 2 1/4 p. 1000, qui compense la faiblesse du titre lorsqu'elle existe) — ou par des piastres mexicaines et espagnoles,
il en résulte que l'on compte ainsi :

$$\text{1,000 } \textit{piastres} \text{ ou } \textit{dollars} = 720 \textit{ taëls,}$$

ou $\qquad$ 25 $\quad$ — $\qquad$ — $\quad$ = 18 $\quad$ —

pour ne prendre parfois que :

$$717 \textit{ taëls} = \text{1,000 } \textit{piastres} \text{ ou } \textit{dollars,}$$

et descendre même, en certains cas, jusqu'à 715 *taëls*.

A Shangaï, on distingue trois classes de piastres· 1° celles
qui sont bien fabriquées, de plein poids, d'apparence ancienne,
les Chinois n'aimant pas les coins propres et le crénelage des
nations de l'Ouest ; 2° celles qui, bien qu'étant de même
genre, sont un peu inférieures ; 3° dernier degré d'infériorité.
Quant aux piastres MAXIMILIAN, à celles à la BALANCE et aux
pièces défectueuses, elles ne passent pas à Shangaï.

Enfin, en ce qui concerne la contrefaçon, on emploie le
système du *chopped dollar* (V. CHOPPED DOLLAR), mais ce système, qui a l'inconvénient de produire, par la répétition, la
déformation des pièces et de diminuer leur valeur tend à dis-
paraître. Certains banquiers l'ont abandonné et se contentent
de marquer les pièces vérifiées avec un simple cachet à l'encre
de Chine.

S'il est vrai que cette empreinte résiste peu au frottement,
elle présente cet avantage d'être aisément applicable et de
pouvoir être apposée un nombre de fois illimité sans altérer la
pièce en aucune façon.

4) PIASTRE. — Argent. CHYPRE.

Bien qu'on ne compte presque plus qu'en monnaie anglaise
et que la monnaie turque ait presque complètement disparu,
voici le rapport des monnaies anglaises, françaises et turques
avec l'ancienne *piastre :*

1 *souverain* = 182 *piastres*.
1 *livre turque* = 162 —
1 *napoléon* = 144 —

Ce rapport fait ressortir la valeur de cette *piastre* à 0,138.

5) **PIASTRE.** DOMINICAINE (RÉPUBLIQUE).

Indépendamment du *dollar* américain, la *piastre* mexicaine circule abondamment.

6) **PIASTRE.** — Argent. ÉGYPTE.

La *piastre* est le centième de la *livre égyptienne*, unité monétaire, et se divise en **10** *ochr'-el-guercho* :

Or :

1 *livre* = 100 *piastres*. . .	8,5			25,61
50 *piastres* = 1/2 livre. . . .	4,25			12,81
20 —	1,7	}	875/1000	5,13
10 —	0,85			2,56
5 —	0,425			1,28

Argent :

20 *piastres*	28	»		5,4
10 —	14	»		2,59
5 —	7	» }	833 1/3/1000	1,29
2 —	2,8			0,52
1 *piastre* = 10 *ochr'-el-guercho*.	1,4			0,26

Nickel :

1/2 *piastre* = 5 *ochr'-el-guercho*	4	»	0,13
1/4 — = 2 1/2 —	2,50		0,06

7) **PIASTRE.** — Argent. ESPAGNE.

Ancienne monnaie :

Avant 1864 :

	Poids.	Titre.	Valeur.
Argent :			
1 *piastre* ou *duro* = 2 *escudos* = 20 *réaux*	25,960		5,19
Or :			
5 *duros* ou *piastres* = 10 *escudos* = 100 *réaux* (*Doublon-Isabelle*)	8,387		26
Après 1864 :		900/1000	
Argent :			
1 *piastre forte* ou *duro* = 20 *réaux*.	26,293		5,26
Or :			
1 *doublon* = 5 *piastres fortes* ou *duros* = 100 *réaux*.	8,336		25,84
De 1730 à 1772 :			
Argent :			
1 *piastre à colonnes* = 20 *réaux*.	27,06	917/1000	5,51
De 1772 à 1848 :			
1 *piastre forte* à effigie ou à colonnes = 20 *réaux*.	27,06	903/1000	5,42
		896/1000	5,38

La *piastre forte* argent se nomme *peso de Plata* au Mexique. Elle se subdivise en 8 *réaux de Plata mexicaines* = 10 *réales de Plata nueva* = 20 *réaux de Vellon*.

8) PIASTRE.

Le *dollar* américain est appelé très souvent *piastre* aux États-Unis d'Amérique.

9) PIASTRE.

Indépendamment des monnaies de leur métropole, il circule dans les Guyanes — principalement dans la Guyane hollandaise —'des dollars américains et des piastres espagnoles comptées pour 2 fl. 50 à 2 fl. 60 = 5 fr. 25 à 5 fr. 45.

10) **PIASTRE**. — Argent. Hong-Kong.

Unité monétaire : la *piastre mexicaine* à 100 cents sous forme de *chopped dollar* (*Voy.* Chopped dollar) = 5 fr. 43. La *piastre mexicaine* se cote de 0,71 à 0,73 *taël* (100 *p.* pour 71 à 73 *t.*), mais elle fait prime ou perd, suivant le poids. Les *clean* ou *propres piastres* ou *dollars* pèsent de 27,054 à 27,07. — *Voy.* Piastre 3°. [Chine].

11) **PIASTRE**. — Argent. Indo-Chine franç.

Etalon monétaire international des mers de Chine : ancienne *piastre mexicaine à colonne,* dite parfois *dollar*.

	Poids.	Titre.	Valeur.
piastre mexicaine à colonne, dite parfois *dollar*	27 »	902/1000	5,42

Depuis 1882 :

Piastre (frappée à la Monnaie de Paris), dite *de commerce*.

	Poids.	Titre.	Valeur.
Piastre (frappée à la Monnaie de Paris), dite *de commerce*	27,215		5,44
1/2 *piastre* = 50 *cents*	13,607	900/1000	2,72
1/5 — = 20 —	5,443		1,08
1/10 = = 10 —	2,721		0,54

Enfin, voici le tableau des dernières *piastres* frappées à la Monnaie de Paris pour l'Indo-Chine, tel que le donne M. de Foville dans son deuxième rapport, si intéressant et si remarquable, pour 1897 :

	Poids.	Titre.	Valeur.
1 *piastre*	27 »		5,40
50/100 — = 50 *cents*	13,5	900/1000	2,70
20/100 — = 20 —	5,4		1,08
10/100 — = 10 —	2,7		0,54

Bronze :

	Poids.	Titre.	Valeur.
1/100 *piastre* = 1 *cent* = 5 *sapèques*	7,5	cuivre 95 / étain 4 / zinc 1 (nominal)	0,10
1 *sapèque*	2 »		0,02

12) PIASTRE. — Argent. MAROC.

Les anciens *mitskals, uckies, mouzonnas, flus* ont été remplacés par les *piastres* à 10 onces fabriquées à la Monnaie de Paris :

	Poids.	Titre.	Valeur.
1 piastre = 10 onces = 100 centavos.	29,12	900/1000	5,88
5 onces = 50 centavos.	14,56		2,94
2 onces 1/2 = 25 centavos. .	7,28	835/1000	1,47
1 once = 10 centavos.	2,91		0,58
1/2 — = 5 —	1,45		0,29

13) PIASTRE. — Argent. MEXIQUE.

La *piastre mexicaine* est le *peso* d'argent à 100 *centavos*, unité monétaire. — *Voy.* PESO (Mexique).

14) PIASTRE. — Argent. NICARAGUA.

Monnaie courante : la *piastre* de 100 *centavos* = 5 fr.

15) PIASTRE. — *Voy.* PESO. PARAGUAY.

16) PIASTRE. — Argent. PHILIPPINES (ILES).

Sans parler ici des monnaies réelles (*Voy.* DOBLON), la *piastre mexicaine* d'avant 1878 est la véritable monnaie courante, ainsi que les pièces de 0,50, 0,20 et 0,10 *piastre* frappées à Manille qui valent, à cause de leur titre, 2 0/0 de moins que les pièces similaires mexicaines, c'est-à-dire, pour la pièce de 0,50 : 2,44; pour celle de 0,10 : 0,49, au lieu de 2,71 et 0,54. Quant à la pièce de 0,20, elle vaut 0,98.

Les piastres fortes espagnoles (5 fr. 10) et les *quadruples d'or* de 16 *piastres fortes* à 8 réaux forts circulent aussi, mais rarement, et font prime.

17) *PIASTRE. — Argent. ROUMANIE.

Ancienne monnaie.

1 *piastre* = 40 *paras*, valait 37 centimes.

1 kilogr. argent fin donnait 600 *piastres* valaques (de Bucarest et de Braïla).

32 *piastres* valaques = 37 piastres moldaves de Jassy = 46 *piastres* de Galatz = 54 *piastres* turques = 11 fr. 88.

18) PIASTRE. — Argent. SALVADOR (SAN).

Piastre ou *peso* de 100 *centavos* = 5 fr.

Or :

Pièces de 20, 10, 5, 2 et 1 *piastre* ou *peso* ;

    Argent : .

    —   1, 0,50, 0,20, 0,10 --- —

    Cuivre et nickel :

    —   0,05, 0,02, 0,01 --- —

19) PIASTRE. — Argent. TRIPOLI.

Piastre turque de 40 *paras*, divisée aussi en 100 centièmes comme les anciens *gherschs* de la Régence.

20) PIASTRE. — Argent. TURQUIE.

La *piastre* turque est le centième de la *livre* et vaut 22 centimes. — *Voy.* LIVRE (TURQUIE).

21) PIASTRE. — Argent. TURQUIE D'ASIE.

La piastre turque, répandue dans toute la Turquie d'Asie, sert à établir la valeur des autres monnaies. *Voy.* BARGOUTH.

PIC. — Billon. SIAM.

1/32 *tical* = environ 6 centimes.

1) PICE. — Cuivre. AFGHANISTAN.

1/72 roupie dite « *Kabuli rupee* » = environ 2 1/2 centimes.

2) PICE. — *Voy.* INDES ANGLAISES. CEYLAN.

3) PICE. — Cuivre.   INDES ANGLAISES.

Valeur.

2 pice = 1/2 anna.			0,075
1 — = 1/4 —	nominalement		0,037
1/2 — = 1/8 —			0,018
1/3 — = 1/12 — = 1 pie.			0,009

4) PICE. — *Voy*. PAÏCE.   PONDICHÉRY.

PIE. — Cuivre.   INDES ANGLAISES.

1 pie = 1/3 pice = 1/12 anna.

PISTOLE. — *Voy*. ONCE D'OR.   ESPAGNE; MEXIQUE.

L'ancienne *pistole* française valait 10 francs.

POUND STERLING. — *Voy*. LIVRE

STERLING.   ANGLETERRE.

PUL.   TURQUIE.

Nom donné, en Turquie, à l'*Impériale* russe.

PULL. — Cuivre.   TURKESTAN.

1 *pull* = 1/50 *tanga* argent = environ 1 centime et demi.

PUN.
PYSA. } Coquillages. — *Voy*. CAURIS.   INDES ANGLAISES.

Q

1) QUADRUPLE. — *Voy*. ONCE D'OR.   ESPAGNE.

2) QUADRUPLE. — Or.   PHILIPPINES (ILES).

1 *quadruple* = 16 *piastres fortes* = 128 réaux forts = 81 fr. 60 (rare et fait prime).

R

RACINE ou RÉZINE. ARABIE.

Monnaie fictive de Djeddah :

1 racine = 8 *fadhas* = environ 1 fr. 35.

40 — = 1 *real omla* = 28 piastres = environ 5 fr. 40.

RAPPE. SUISSE.

Non donné au *centime*.

1) RÉAL. — Argent. AMÉRIQUE CENTRALE.

Le *réal* est employé dans toute l'Amérique centrale.

A. — RÉAL. — Argent; nickel. BOLIVIE.

Ancienne monnaie. — *Voy.* BOLIVIANO.

	Poids.	Titre.	Valeur.
1 réal = 1/2 *lomin* = 1/10 bo-liviano = 10 centavos.	2,5	900/1000	0,50
1 medio réal = 5 centavos. . .	1,25		0,25
1 réal = 10 centavos.	5 »	nickel 25	0,50
1/2 — = 5 —	2,5	cuivre 75	0,25

B. — RÉAL. COLOMBIE.

Indépendamment des *condor, peso, decimo* et *centavo* qui constituent le système monétaire depuis 1871, on rencontre encore l'ancienne *piastre faible* ou *peso sencillo* de 4 francs, divisée en 8 *réaux*.

C. — RÉAL. ÉQUATEUR.

Piastre forte ou *sucre*, de 10 *réaux* ou 100 *centavos* = 5 francs; 1/2 *sucre* = 5 *réaux* = 50 *centavos* = 2 fr. 50.

D. — RÉAL. — Argent. NICARAGUA.

1 réal = 10 *centavos* = 0,50.

2) **RÉAL.** Brésil.

Le *milreis* = 1.000 *reis*, est monnaie de compte et unité :

Argent :	Poids.	Titre.	Valeur.
1000 *reis* = 1 *milreis*. . . .	12,75	916 2/3/1000	2,60
500 — = 1/2 —	6,375		1,30
Nickel :			
200 *reis*.	15 »		0,52
100 —	10 »		0,26
50 — . . . . — . .	7 »	nominalement	0,13
Bronze :			
20 *reis*.	7 »		0,05
10 —	3,5		0,025

Comme monnaie de compte, le *milreis* = 2 fr. 83.

1.000 *milreis* = 1 million *reis* = 1 *conto*.

3) *****RÉAL.** — Argent. Espagne.

Ancienne unité monétaire, remplacée, en 1868, par la *peseta* et le système décimal.

De 1864 à 1868 :

Argent :

Réal de Vellon.	1,298	910/1000	0,26

Or :

100 *réaux* = 10 *escudos* = 10 *duros* ou *piastres* = 1 *doblon*

Isabelle or.	8,387		26 »
40 — = 4 *escudos*. . . .	3,354		10,40
20 — = 2 *escudos* =			
1 *piastre forte* ou *duro*.	1,677		5,20
Argent :		900/1000	
20 —	25.960		5,19
10 — = 1 *escudo*	12,980		2,09
4 — = 1 *peseta*.	5,192		0,83
2 — = 1 *medio peseta*	2,596		0,41

De 1848 à 1864 :

Or :	Poids.	Titre.	Valeur.
100 réaux = 1 doblon = 5 duros	8,336 ⎫		⎧ 25,84
40 — = 2 duros.	3,334 ⎬ 900/1000		⎨ 10,33
20 — = 1 duro.	1,667 ⎭		⎩ 5,16

Argent :

20 réaux = 1 duro ou piastre
forte 26,293   900/1000   5,26

Avant 1848, réaux et multiples de réaux qui se rencontrent encore, surtout dans les colonies :

Or :

320 réaux = 1 pistole quadruple. — Voy. Once d'or.
(Espagne).

160 — = 1 pistole double ou doblon de 4 escudos or. . .	13,530 ⎫		⎧ 40,78
80 — = 1 pistole simple ou doblon de 2 escudos or. . .	6,765 ⎪	875/1000	20,39
40 — 1/2 pistole	3,382 ⎬		10,19
20 — = 1 escudillo = 1 piastre.	1,691 ⎭		⎩ 5,09

20 — = 1 piastre à colonne (1730-1772). 27,060   917/1000   5,51

20 — = 1 piastre forte à effigie ou à colonne (1772-1848).)   27,060 { 903/1000   5,42
                                                                      { 896/1000   5,38

4 — = 1 peseta = 1/5 piastre forte.	5,814 ⎫		⎧ 1,05
2 — = 1 réal de Plata nueva = 1/10 piastre forte. . .	2,907 ⎬ 812/1000		⎨ 0,525
1 réalillo ou réal de Vellon = 1/20 piastre forte.	1,453 ⎭		⎩ 0,262

8 réaux de Plata mexicanas = 1 piastre forte (appelée au Mexique peso de Plata) = 10 réales de Plata nueva = 20 réaux de Vellon = 5 fr. 24.

On compte encore parfois, dans le commerce, en *réaux* de 100 *centenas* ainsi qu'en *piastres* et *douros :*

20 réaux = 5 *pesetas* = 1 *duro* = 5 francs;
4 — = 1 *peseta* . . . . . . = 1 franc;
1 *réal* . . . . = 0 fr. 25.

4) RÉAL. Malabar.

Le *réal* est usité comme monnaie de compte.
240 *bons reis* = 300 *mauvais reis* = 1 *pardo* = environ 1 fr. 35. — *Voy.* Milreis (Malabar).

5) RÉAL. Mozambique.

Monnaie de compte : les *reis* et les *milreis* portugais.

6) RÉAL. Portugal.

Le *réal* portugais vaut 1/2 centime environ.

				Valeur.
100 *reis*	= 1	*tostao.*		0,56
1.000 —	= 10	*tostaos* = 1 *milreis* . .		5,60
10.000 —	= 100	—	= 10 —	
		1 couronne (*coroa*).		56 »
1.000.000 —	= 10.000	—	= 1.000 —	
		100 couronnes.		5.600 »

Voy. Milreis.

Anciennement, 400, puis 480 *reis* valaient une *cruzade* d'argent.

Argent :

			Poids.	Titre.	Valeur.
500 *reis*	= 1/20 *coroa* =				
1/2 *milreis* = 5 *tostaos*.			12,5		2,80
200 —	= 2 *tostaos*.		5 »	916 2/3 /1000	1,12
100 —	= 1 *tostao*		2,5		0,56
50 —	= 1/2 —		1,25		0,28

Bronze :	Poids.	Titre.		Valeur.
20 —	12 »	cuivre 96		(0,10
10 —	6 »	étain 2	nominal	0,05
5 —	3 »	zinc 2		(0,025

RÉZINE. — *Voy.* RACINE.   ARABIE.

1) RIAL. — Argent.   MAROC.

Indépendamment des *onces, piastres* et *centavos,* monnaies de compte, il est frappé à la Monnaie de Paris une monnaie marocaine d'argent qui a cours concurremment avec la monnaie espagnole, uniquement employée jusqu'en 1881. Voici les pièces de cette nouvelle monnaie :

	Poids	Titre	Valeur
1 rial = 5 *pesetas* = 10 *onces.*	29,12	900/1000	5,82
1 *nous rial* = 2 *pesetas* 1/2 = 5 *onces.*	14,558		2,50
1 *orba rial* = 1 *peseta* 1/4 = 2 *onces* 1/2.	7,279		1,25
1 *jouge del belion* = 1/2 *peseta* = 1 *once.*	2,911	835/1000	0,50
1 *belion* = 1/4 *peseta* = 1/2 *once.*	1,455		0,25

2) *RIAL. — Argent.   TUNISIE.

La *piastre* ou *rial* = 0 fr. 60 était unité monétaire avant l'adoption du régime français.

Le *noufsrial* était 1/2 *rial* comme le *noufsfrank* est 1/2 *frank* (franc).

RIGSBANKDALER. — *Voy.* RIGSDALER.   DANEMARK.

1) *RIGSDALER. — Argent.   DANEMARK.

Ancienne monnaie de compte.

On comptait autrefois en *rigsbankdalers,* appelés, depuis 1854, *rigsdaler-rigsmynt.*

1 *rigsdaler-rigsmynt* = 1 1/2 *mark banco* de Hambourg (*Voy.* MONNAIE DE BANQUE) = 6 *marks* = 96 *skillings* = 2 fr. 81.

2) **RIGSDALER**. — Argent. HOLLANDE.

	Poids.	Titre.	Valeur.
1 *rigsdaler* = 2 *florins* 1/2. . .	25 »	915/1000	5,25

3) ***RIGSDALER**. — Argent. SUÈDE.

Ancienne monnaie de compte = 100 *ore* = 1 fr. 42.

RIN. — Cuivre. JAPON.

$$\left.\begin{array}{l} 1 \ rin \\ 2 \ — \\ 5 \ — \end{array}\right\} \text{ analogues aux sapèques chinoises } \left\{\begin{array}{l} 0,004 \\ 0,008 \\ 0,02 \end{array}\right.$$

10 *rin* = 1 *sen*.

1.000 — = 1 *yen* = 5 fr. 39.

ROAVOAMENA. — Argent. MADAGASCAR.

Le *roavoamena* = 1/2 piastre, pèse 2,25 grammes et vaut, environ 15 centimes, fiduciairement : 45 centimes.

ROUBLE. RUSSIE.

En vertu de l'ukase du 3/15 janvier 1897, le *rouble*, tout en restant l'unité monétaire de la Russie, ne vaut plus que 2 fr. 6666 au lieu de 4 francs, au pair français. Les pièces d'or frappées représentent, à poids égal, non plus 15 fois 1/2 comme auparavant et comme dans le pays de l'Union latine, mais bien 23 fois 1/4 la valeur des espèces d'argent.

Aux termes de cet ukase, la monnaie étalon de l'Empire est désormais l'or, personnifié par l'*impériale* de 15 *roubles* et la *demi-impériale* de 7 *roubles* 50 *kopeks*.

Cette *demi-impériale* équivaut à la pièce de 20 francs française (elle a même 306 millionièmes de gramme de fin de plus que celle-ci), puisque 7 roubles 1/2 à 2 fr. 66 font 20 francs.

Argent :	Poids.	Titre.	Valeur.
1 rouble.	20 »		2,66
50 kopeks	10 »	900/1000	1,33
25 —	5 »		0,66

1) **ROUPIE**. — Argent.   AFGHANISTAN.

La *roupie* de Kaboul ou « *Kabuli rupee* » $= 2\ krans =$
72 *pice* $=$ environ 1 fr. 80.

2) **ROUPIE**.   ARABIE.

Concurremment avec le thaler Marie-Thérèse ($= 2$ roupies
2 annas $= 5$ fr. 20), l'*abiad*, l'*assouad* et le kroumi persan,
la *roupie* $= 16$ *annas* $= 64$ *peissas*, est courante à Mascate.

3) **ROUPIE**.   CEYLAN.

Comme aux INDES ANGLAISES.

4) **ROUPIE**. — Argent.   INDES ANGLAISES.

Unité monétaire :

		Poids	Titre	Valeur
1 roupie=16 annas=1/15 mohur	11,664			2,38
1/2 — = 8 —	5,832		916 2/3 /1000	1,19
1/4 — = 4 —	2,916			0,595
1/8 — = 2 —	1,458			0,297

1 *roupie* $= 16$ *pence anglais* ; 15 *roupies* $= £\ 1$, mais ces
équivalences, qui établissent la valeur de la *roupie* à 1 fr. 68,
sont sujettes, malgré leur fixation officielle, à subir des
variations produites par le cours de l'argent.

Monnaie de compte :

La *roupie*, appelée *roupie de compagnie (Co's roupie)* ou
roupie de Gouvernement $= 16$ *annas* $= 192$ *pie*, est seule
employée, mais on rencontre encore l'ancienne *roupie sicca*,
dont la valeur est de 1/15 de moins que la *roupie courante*.

Quant aux anciennes roupies *surat* et *arcot,* elles ont disparu de la circulation.

100.000 *roupies* = 1 *lac* ;
10.000.000 — = 100 *lacs* = 1 *crore* :
1.000.000.000 — = 10,000 *lacs* = 100 *crores* = 1 *mas.*

5) **ROUPIE.** — Argent.   MALABAR.

Les monnaies ayant cours sont : 1° la *roupie* d'argent = 2 fr. 40 ; 2° le *San-Thomé* d'or = 8 fr. 66 (monnaies du pays) ; 3° la *roupie* indienne ; 4° la *piastre* espagnole.

6) **ROUPIE.** — Argent.   MAURICE (ILE).

La seule monnaie ayant cours légal est la *roupie* indienne, divisée en 100 cents :

Argent :	Poids.	Titre.	Valeur.
1 *roupie* = 100 cents.	7,665		2,37
50 cents = 8 *annas.*	3,832		1,18
25 — = 4 —	1,916	800/1000	0,59
20 —	1,533		0,47
10 —	0,762		0,23
Bronze :			
5 —	9,72		0,11
2 —	3,888	nominal	0,03
1 cent.	1,944		0,015

7) **ROUPIE.** — Argent.   MOZAMBIQUE.

Indépendamment des *piastres autrichiennes* (*talari Marie-Thérèse*) et mexicaines au taux de 869 *reis* pièce, la *roupie* indienne au taux de 450 reis (la roupie valant 2 fr. 37, ce qui mettrait le *milreis* à 5 fr. 26 environ) à cours également.

8) **ROUPIE.** — Argent.   OBOCK.

Comme en Mozambique. Les monnaies de l'Union latine ont cours également.

9) ROUPIE. — Argent.   ZANZIBAR.

La *roupie* domine dans tous les paiements et suit les cours de Bombay.

100 roupies = 47 *piastres* ou thalers.

S

SAGH. — Argent.   TURQUIE D'ASIE.

La *piastre sagh*, à Aïn Tab et à Marache = 1/19 medjidié = 0,23.

SALUNG. — Argent.   SIAM.

1 *salung* = 1/4 *tical* = 2 *fuangs* = 8 *pics* = 16 *atts* = environ 60 centimes.

SAN-THOMÉ. — Or.   MALABAR.

Le San-Thomé or = 8 fr. 66, et la *roupie* argent = 2 fr. 40, sont les seules monnaies du pays.

1) SAPÈQUE. — Cuivre.   CHINE.

Monnaie valant à peu près 1/2 centime.

10 *sapèques* = 1 *cent* = 1/100 *dollar* ou *piastre*.
1.000   —   = 1 *dollar* ou *piastre*.

2) SAPÈQUE. — Bronze.   INDO-CHINE FRANÇAISE.

1 *sapèque* et 1/500 piastre pèsent 2 grammes et valent nominalement 0,02.

5 *sapèques* = 1 *cent*, pèsent 10 grammes et valent nominalement 0,10.

6

L'ancienne *sapèque* était en zinc avec trou au centre. 600 de ces sapèques se réunissaient en une *ligature*, divisée en 10 *liens* de 60 sapèques.

Il fallait 4.200 à 4.800 sapèques — ou 7 à 8 *ligatures* — pour valoir une *piastre*. On rencontre toujours cette monnaie parmi les populations annamites : elle correspond au *rin* japonais. Quant à la *sapèque* de bronze de 2 grammes, elle n'est employée ni au Tonkin ni en Annam.

SATTALIE. — *Voy.* Sookoos.   Sumatra.

*SCHWAREN. — Billon.   Allemagne.

Ancienne monnaie brêmoise qui valait environ 1 1/4 centime.

5 *schwarens* valaient 1 *grote*; 72 *grotes* = 360 *schwarens* valaient un *thaler louis d'or*.

*SCUDO. — Argent; or.   Italie.

Le *scudo* piémontais valait 5 *lire* (1816) = 5 francs; le *scudo* sarde valait 4 fr. 70; le *double scudo* sarde ou *dopietto* valait 9 fr. 87 et l'ancien *scudo* d'or de Victor-Amédée III valait 7 fr. 11.

Scudo romain. — Ancienne monnaie, divisée en 100 *baiocchi*, dont la valeur nominale était de 5 fr. 37. Ce *scudo* se divisait aussi : en 5 *papetti* valant chacun 1 fr. 07 *lira* (1 fr. 07); en 10 *pauli* d'environ 50 centimes chacun.

Enfin le *scudo* napolitain se divisait en 5 *tari*. — *Voy.* Tano.

Quant au *scudo*, encore employé à Malte, malgré la prédominance de la monnaie anglaise, il n'est que monnaie de compte.

1 *scudo* = 12 *tari* = 120 *grani* = 2 fr. 10; 12 *scudi* = £1 = 25 fr. 22; 40 *scudi* = 1 *doblon* or = 84 fr. 04.

SEN. JAPON.

Le centième du *yen*, qui est l'unité monétaire du nouveau
système à étalon d'or, substitué à l'étalon d'argent par la loi
entrée en vigueur le 1ᵉʳ octobre 1897.

Argent :	Poids.	Titre.	Valeur.
50 sen = 1/2 yen d'or. . . .	13,478 ⎫		⎧2,57 [1]
20 —	5,391 ⎬	800/1000	⎨1,02
10 —	2,695 ⎭		⎩0,51
Nickel :			
5 sen	4,665	{ cuivre 75 } { nickel 25 }	0,25
Bronze :			
1 sen = 10 rin.	7,128 ⎫	cuivre 95	⎧0,05
5 rin = 1/2 sen.	3,564 ⎭	étain 4 zinc 1	⎨0,02

SENCILLO. — *Voy.* PESO.

SHILLING. — Argent. ANGLETERRE.

Le *shilling* est le 1/20 de la *livre sterling* (pound : £) ou
souverain (*sovereign*) unité monétaire qui vaut, au pair,
25 fr. 22.

Argent :	Poids.	Titre.	Valeur.
1 shilling = 12 pence.	5,655 ⎫		1,16
Double-shilling ou florin. . . .	11,310 ⎬	925/1000	2,32
2 shillings 1/2 ou 1/2 couronne.	14,137		2,91
5 — ou couronne (crown).	28,275 ⎭		5,81
Or :			
10 shillings ou 1/2 souverain.	3,994	916 ²/₃/1000	12,61
Argent :			
1/2 shilling ou 6 pence. . . .	2,827	925/1000	0,58

---

(1) *Voy.* TRADE DOLLAR et le tableau monétaire du Japon.

On compte aussi fréquemment par *guinées* (*guineas*) de 21 *shillings* = 26 fr. 47, et par *shillings* sans tenir compte des livres : 160/, c'est-à-dire 160 *shillings* ou £ 8 = 201 fr. 76. Comme abréviation, indépendamment du trait oblique (5/ = 5 *shillings*), on emploie l'*s*. minuscule *après* le chiffre, tandis que pour les *livres sterling*, l'£ abréviatif se place *avant* le chiffre.

SHOE. — Argent. CHINE.

. On appelle *shoes* (souliers) les lingots d'argent, dont la forme ressemble à celle d'un soulier, circulant avec le poinçon du fabricant, la ville, la date et une inscription à l'encre de Chine, apposée par l'essayeur auquel chaque *shoe* est soumis, indiquant le poids du métal même, ainsi que l'excès ou l'insuffisance du titre conventionnel du « *Standard* » chinois qui est de 932/1000. Ces *shoes* pèsent environ 28.000 grains = 58 onces = 50 taëls — 1 kilogr. 803 grammes.

SICCA. — *Voy.* ROUPIE.

* SIKADJY. MADAGASCAR.

Ancienne monnaie indigène.

1/8 *piastre* = 1/2 *kirobo* = 1/4 *loso* = environ 62 centimes.

* SILBERGROS. — Cuivre. ALLEMAGNE.

Ancienne monnaie de compte prussienne, le trentième d'un *thaler*, c'est-à-dire environ 12 centimes. Le *silbergros* se divisait en 12 *pfennig*.

1) * SKILLING. — Cuivre. DANEMARK.

Ancienne subdivision du *mark* : 16 *skillings* valaient 1 *mark*; 96 *skillings* valaient 1 *rigsdaler-rigsmynt* =

1/2 *mark ·banco* de Hambourg $=$ 2 fr. 81. Le *skilling* ne valait donc qu'environ 4 1/2 centimes.

2) SKILLING. — Cuivre. NORVÈGE.

Le *skilling* norvégien est le trentième de la *krona* et vaut un peu plus de 3 œre, c'est-à-dire 4 1/2 centimes.

Dans l'ancienne monnaie de compte, le *specie daler* à 5 ort (*mark*) se divisait en 120 *skillings*, l'*ort* en 24 *skillings*. Le *specie daler* valant 5 fr. 55, cet ancien *skilling* valait un peu plus de 4 1/2 centimes.

SOL. — Or; argent. PÉROU.

Or :	Poids.	Titre.	Valeur.
20 *sols*	32,258		100 »
10 —	16,129		50 »
5 —	8,064		25 »
2 —	3,226		10 »
1 *sol (inca)* $=$ 100 *centavos*.	1,613		5 »
Argent :		900/1000	
1 *sol*.	25 »		5 »
1/2 — $=$ 50 *centavos*	12,5		2,50
1/5 — $=$ 20 —	5 »		1 »
1/10 — $=$ 10 — $=$ 1 *dinero*	2,5		0,50
1/20 — $=$ 5 — $=$ 1/2 —	1,25		0,25

*SOLDO. — Billon. ITALIE.

Ancienne monnaie, particulièrement du Piémont, de Gênes et de Sardaigne, le 1/20 de la livre ou *lira*. Le *soldo* se subdivisait en 12 deniers ou *denari*, répondant aux livres, sous et deniers de l'ancienne monnaie française que l'on retrouve dans les *livres, shillings* et *pence* (£ *s. d.*) anglais. Le *soldo* génois valait 4 centimes (la lire $=$ 0,80); le *soldo* sardé $=$ 1/6 *reale* valait 6 à 9 centimes; le soldo piémontais valait 6 centimes.

SOOKOOS. — Argent. SUMATRA.

A Bencoulen, indépendamment de la monnaie comme à Java et de la *roupie* à 4 shellings ou 15 cash à 2 stuivers (2 fr. 38) on emploie la piastre espagnole divisée en **4 sookoos** ou 32 *sattalies*. Le sookoos vaut donc 1,34 et le sattalie environ 17 centimes.

SOUVERAIN. — Or. ANGLETERRE.

La livre sterling anglaise est appelée *souverain* (*sovereign*) comme la pièce de 20 francs France est appelée *napoléon*. — *Voy.* LIVRE STERLING.

*SPECIE DALER. — Argent. NORVÈGE.

Ancienne monnaie de compte.

Le *specie daler* valait 5 *orts* (*marks*) = 120 *skillings* = 5 fr. 55.

STIVER. — *Voy.* STUIVER.

STOTINSKI. — Billon. BULGARIE.

Le *stotinski* équivaut au centime.

		Valeur.
Nickel et cuivre :		
2 *stotinski* 1/2.		0,025
5 —	nominalement	0,05
10 —		0,10
Nickel :		
20 *stotinski*		0,20

	Poids.	Titre.	Valeur.
Argent :			
50 *stotinski*	2,5	835/1000	0,50
100 — = 1 *lew* = 1 franc.	5 »		1 »

*STUIVER.

Ancienne subdivision du florin hollandais (20 *stuivers* =

1 *florin*; 1 *stuiver* = 10 pfennig) encore employée dans les Guyanes anglaise et hollandaise.

Un autre *stuiver* vaut, à Bencoulen (Sumatra) 1/2 cash; et 30 *stuivers* = 1 *roupie* à 4 shillings.

Le stuiver vaut donc environ 7 1/2 centimes.

STUVER. — *Voy.* STUIVER.

SUCRE. — Argent.   EQUATEUR.

Le *sucre* d'argent, unité monétaire de la République de l'Equateur, vaut, au pair, 5 francs.

Le nom de cette pièce vient du Maréchal Sucre, Président de la République de l'Equateur, dont la plupart des pièces portent l'effigie.

Le *sucre*, ou *piastre forte* = 10 *réaux* = 100 *centavos* = 5 francs et équivaut, comme poids, titre et module, à la pièce de 5 francs française.

Argent :	Poids.	Titre.	Valeur
1 *sucre* = 1/10 *condor* = 1/4 *doublon*.	25 »		5 »
1/2 — =5 *réaux*=50 *centavos*	12,5		2,50
2/10 — =2 — =20 —	5 »		1 »
1/10 — = 1 *réal* = 10 *centavos* = 1 *decimo*.	2,5	900/1000	0,50
1/20 — = 1/2 *réal* = 5 *centavos*.	1,25		0,25
Bronze :			
2/100 *sucre* = 2 *centavos*. . .	» »		0,10
1/100 — = 1 *centavo*. . . .	» »		0,05
1/200 — =1/2 —	» »		0,025
1/20 — = 5 *centavos*. . .	» »	nominalement	0,25
Nickel :			
1/100 *sucre* = 1 *centavo*. . . .	» »		0,05
1/200 — =1/2 —	» »		0,025

En ce qui concerne la monnaie d'or (*condors, doublons, condors* et *doubles-condors* (5, 10, 20, 50 et 100 francs), elle n'a pas été fabriquée jusqu'ici, bien que la frappe en ait été prévue, basée sur le système français, par la loi du 1er avril 1881 relative au régime monétaire de la République de l'Equateur.

*SUELDO. — Argent.   ESPAGNE.

L'ancien *sueldo*, valant environ 15 centimes (le vingtième de la livre catalane qui valait 2 fr. 87), est encore employé comme monnaie de compte, principalement à Barcelone, pour certains commerces. Il se divise en 12 *dineros*. 7 1/2 *sueldes* — ou 7 *sueldos* et 6 *dineros* = 1 *peseta* = 1 franc.

T

1) TAËL. — Argent.   CHINE.

Rien de plus compliqué que la monnaie chinoise; rien de plus incertain que les unités monétaires chinoises, en dépit des efforts faits pour apporter un peu d'ordre et de clarté dans tant de complications, surtout depuis l'installation, à Canton, en 1889, d'un Hôtel des Monnaies, où l'on frappe des *piastres* de 100 *cents*, des pièces de 50, 20, 10 et 5 *cents* et des sapèques de cuivre qui ont toutes cours forcé et légal mais seulement dans un certain nombre de provinces chinoises) KOUANG-TONG, KOUANG-SI, TCHE-LI, TCHÉ-KIANG, etc.).

Quant au *taël* = 10 *maces* = 100 *candareens* = 1.000 *cash*, ce n'est qu'une monnaie de compte, sauf les *cash* seuls monnayés.

Il y a plusieurs sortes de *taëls* : le *Canton-taël* = 102 1/2 *Shangaï-taëls* = 98 ; *Haikwan-taëls* ou taël du Gouvernement.

Le *taël* est supposé valoir 1,000 *sapèques* en monnaie de compte, mais, en réalité, il en vaut beaucoup plus, suivant les circonstances.

Le *Canton-taël* de Hong-Kong sert à acheter la piastre mexicaine *poinçonnée* (*chopped*. — *Voy.* Chopped dollar) qui se vend au poids à raison de 717 *Canton-taëls* pour 1.000 *piastres*. — *Voy.* Piastre [Chine].

2) TAËL.   Sumatra.

Monnaie indigène.

Le *taël* en or, subdivisé en 4 *pardows* = 16 *mehs* = 64 copangs et pèse 9,344 grammes et vaut de 22 à 24 francs.

TALARI. — *Voy.* Thaler.

TALLERO. — Argent.   Italie.

Monnaie frappée en Italie pour la colonie d'Erithrea en Afrique : poids 28,125 grammes au titre de 0,800 grammes, donc 22,5 grammes fin. Malgré le cours légal et la valeur nominale de 5 lire ou francs qu'on leur avait attribués, leur bas titre en a rendu l'écoulement difficile, d'autant plus que le thaler autrichien de Marie-Thérèse, avec lequel cette monnaie était destinée à entrer en ligne, contenant 23,387 gr. fin devait nécessairement leur être préféré, bien que sa valeur intrinsèque ne fût que de bien peu supérieure.

Il a été frappé des pièces divisionnaires de 4/10, 2/10 et 1/10 de tallero (2 lire, 1 lire et 50 cent.).

TAMLUNG.   Siam.

Monnaie de compte = 4 *ticals* = environ 8 francs.

TANGA. — Argent.
TURKESTAN.

1 tanga = 50 *pulls*, vaut environ 75 centimes.

15 — = 1 *ducat* hollandais = 11 fr. 77.

21 — = 1 *tilla* d'or = environ 15 fr. 50.

TARA.
SIAM.

Monnaie de compte.

1 tara = 100 *haps* ou *peculs* = 5.000 *changs* = 100.000 *tamlungs* = 400.000 *ticals* = environ 800.000 francs.

1) *TARO.
ITALIE.

Ancienne monnaie napolitaine.

1/5 ducat = 2 *carlini* = 20 *grani* = environ 45 centimes.

2) *TARO.
MALTE.

Ancienne division du *scudo*, encore employée comme monnaie de compte et valant environ 10 1/2 centimes :

1 scudo = 12 *tari*; 1 *taro* = 20 *grani*; 7 tari et 4 *grani* = 1 shilling = 1 fr. 16.

1) THALER. — Argent.
ABYSSINIE.

C'est le *thaler* autrichien de Marie-Thérèse qui est la monnaie principale et légale abyssine sous le nom de *Ber*. — *Voy.* THALER [AUTRICHE].

2) THALER. — Argent.
ALLEMAGNE.

Ancienne monnaie ayant encore cours légal : la pièce de 1 *thaler* continue à former valeur légale pour toute somme, et la Banque d'Allemagne est autorisée à rembourser les billets en thalers à raison de 1 *thaler* pour 3 *marks or*, base de la conversion des anciennes monnaies d'argent.

On comptait autrefois :

En argent :	Poids.	Titre.	Valeur.
Double thaler d'association. . .	37,036	900/1000	7,41
Thaler d'association	18,518		3,70

En Prusse, le *thaler* se divisait en 30 *silbergros* = 360 pfennig ; en Saxe, en 30 *gros* = 300 pfennig = 3 fr. 70.

A Brème, on employait le thaler louis d'or = 72 *grotes* = 360 *schwarens*.

3) THALER. — Argent. ARABIE.

Indépendamment de la *roupie* des Indes anglaises, le *thaler* (*talari*) de Marie-Thérèse en 80 *bokcha* a cours à ADEN (change flottant) ; à DJEDDAH, où il s'appelle aussi *real omla*, il est divisé en 28 *piastres* = 40 *racines* (monnaie courante) et équivaut (monnaie fictive) à 3 fr. 20 ; à MASCATE, il équivaut à 2 *roupies*, 2 *annas* = 5 fr. 20 au pair (change fixe).

4) THALER. — Argent. AUTRICHE.

Le *thaler* faisait partie de l'ancien système monétaire remplacé par le système, établi par la loi du 2 août 1892 avec la couronne (*krone*) pour unité.

Mais le *thaler de Marie-Thérèse*, toujours si répandu, continue à être frappé à Vienne 28,066 833 ¹/₃/1000 5,20

Toutefois, cette pièce est sans valeur officielle.

Le *thaler d'association* valait 1/2 florin, pesait 18,517 grammes et valait 3 fr. 70 ; le *double thaler d'association* : 37,034 grammes, 7 fr. 40. Ces deux pièces au titre de 900/1000.

5) THALER. — Argent. EGYPTE.

C'est le thaler autrichien de Marie-Thérèse qui a servi de base à l'établissement du système monétaire égyptien, sous le nom de *talari*.

Autrefois, il était pris pour 20 *piastres* égyptiennes ==
5 fr. 13.

6) **THALER**. — Argent. Massaouah.

Le *thaler de l'Erythrée* n'a cours légal que dans le territoire de l'Erythrée :

Argent :	Poids.	Titre.	Valeur.
1 *thaler* de l'Erythrée ==			
5 *lires italiennes*.	25 »		5 »
4/10 — — — ==			
2 *lires italiennes*.	10 »		2 »
2/10 — — — ==		900/1000	
1 *lire italienne*.	5 »		1 »
1/10 — — — ==			
0 fr. 50.	2,50		0,50
Bronze :			
2/100 *thaler* — — —			
0 fr. 10.	0,10		0,10
1/100 — — — ==		nominalement	
0 fr. 05.	0,05		0,05

7) **THALER**. — Argent. Mozambique.

Thaler (thalari) de Marie-Thérèse, appelé aussi *piastre
autrichienne* : cours officiel, 5 fr. 20.

8) **THALER**. — Argent. Nubie.

Comme en Egypte.

9) **THALER**. — Argent. Soudan.

Comme en Egypte.

10) **THALER**. — Argent. Tripoli.

Thaler autrichien, mais se raréfiant.

11) THALER. — Argent. ZANZIBAR.

Thaler autrichien, mais comme monnaie de compte.

TICAL. — Argent. SIAM.

1 *tical* = 4 *salungs* = 8 *fuangs* = 32 *pics* = 64 *atts*. Il y en a de sphériques et de plats.

5 *ticaux* = 3 *piastres*, mais le tical ne valant plus aujourd'hui qu'environ 2 francs, cette équivalence est détruite.

TILLA. — Or. TURKESTAN.

1 *tilla* = 21 *tangas* argent = 1.050 *pulls* cuivre = environ 15 fr. 50.

THOMAN. — *Voy.* ÉCHRÉFI. PERSE.

TOMIN. — Argent. BOLIVIE.

	Poids.	Titre.	Valeur.
1 *tomin* = 2 réaux.	5 »	900/1000	1 »
5 — — 1 boliviano.			

TOSTAOS. — Argent. PORTUGAL.

	Poids.	Titre.	Valeur.
1 tostao = 100 *reis*.	2,5		0,51
1/2 — = 50 —	1,25	916 2/3/1000	0,25
2 tostaos = 200 —	5 »		1,02
5 — = 500 —	12,5		2,55
10 — = 1 *milreis*			
100 — = 1 *coroa*.			

TOURALU. — *Voy.* NAKECHLI. TURQUIE D'ASIE.

*TRADE DOLLAR. — Argent. ETATS-UNIS.

Ancienne pièce appelée *Heavy Trade Dollar* (1873-1878) retirée de la circulation, qui pesait 27,212 grammes au 900/1000 et valait 5 fr. 44.

TSIN. -- Argent. CHINE.

1 *tsin* ou *mace* = 10 *fon* ou *candareens* = 100 *li* ou *cashes* = environ 35 centimes.

U

UTCHLUK. — Argent. TURQUIE.

1 *utchluk* = 1/2 *altolik* = 3 1/2 piastres = environ 77 centimes.

V

*VENEZOLANO. — Argent. VENEZUELA.

Ancienne monnaie de compte équivalant à la pièce de cinq francs française = 5 bolivars argent nouveaux.

La pièce d'or de 20 *venezolanos* était appelée *bolivar* et valait 100 francs.

VENTRY-SYLOSO. — Argent. MADAGASCAR.

Pièce valant environ 3 fr. 50.

VOAMENA. — Nickel. MADAGASCAR.

Valeur nominale : 20 centimes.

W

WILHELM.— *Voy.* GUILLAUME. ALLEMAGNE.

WILHELMINE. — Or. HOLLANDE.

Nom donné à la pièce de 10 *florins*, désignée aussi sous le nom de *Guillaume*. Ces deux pièces circulent seules. — *Voy.* GUILLAUME 2° [HOLLANDE].

WAKI. ABYSSINIE.

Les paiements en or de quelque importance se font au poids : 1 once ou *waki* = environ 25,92 grammes.

Y

YEN. — Or. JAPON.

Nouvelle unité monétaire établie par la loi en vigueur depuis le 1ᵉʳ octobre 1897 qui a substitué l'étalon d'or à l'étalon d'argent :

	Poids.	Titre.	Valeur.
20 yen	16,666		51,66
10 —	8,333	900/1000	25,83
5 —	4,166		10,33

Le *yen* se divise en 100 *sen*.

La frappe du *yen* d'argent est suspendue.

Voici le tableau des *yen* de l'ancien système :

Or :

	Poids	Titre	Valeur
20 yen	33,333		103,33
10 —	16,666		51,66
5 —	8,333		25,83
2 —	3,333	900/1000	10,33
1 —	1,667		5,16
Argent :			
1 yen = 100 sen.	26,956		5,39

YUSLUK ou **KAMERI**. — Argent.   Turquie d'Asie.

1 *yusluk* = 2 1/2 *piastres* à Aïn-Tab et à Erzeroun = 55 centimes.

YUZLI. — Argent.   Turquie d'Asie.

Monnaie circulant à Aïn-Tab (11 1/2 *piastres* = 2 fr. 53), mais non reçue par les Caisses de l'Etat.

Z

ZAHRANI. — Argent.   Turquie d'Asie.

Monnaie de Caïffa.

1/20 *livre turque* = 6 1/4 piastres = 1 fr. 32.

ZAHRANI. — Argent.   Turquie d'Asie.

Monnaie de Damas (*altelik*) semblable au *zahrani* de Caïffa.

TABLEAUX D'ENSEMBLE

DU

SYSTÈME MONÉTAIRE DE CHAQUE PAYS

7

TABLEAUX D'ENSEMBLE

DU

SYSTÈME MONÉTAIRE DE CHAQUE PAYS

I. — AFGHANISTAN.

Un atelier monétaire a été créé à Kaboul, en 1890, par l'émir Abdur Rahman Khan, sous la direction de sir T. Jalter Syne, pour la frappe d'une monnaie nationale destinée à remplacer les monnaies de Perse et de Russie, qui seules étaient jusqu'alors en circulation. Un plein succès ayant répondu à cette installation, les bâtiments furent bientôt agrandis de façon à pouvoir frapper 200.000 pièces par jour au lieu de 35.000.

II. — ALLEMAGNE (Empire d').

Étalon d'or (lois du 4 déc. 1871 et du 9 juill. 1873).

Unité monétaire : le *Reichsmark* (*Rmk*) ou mark de l'Empire, dont la valeur au pair, en monnaie française, est de 1 fr. 111.

TABLEAU DES MONNAIES ALLEMANDES

*frappées dans les six ateliers monétaires de Berlin, Munich, Muldener-Hütte
(ci-devant Dresde), Stuttgard, Carlsruhe et Hambourg.*

| DÉNOMINATION | Diamètre. | POIDS | | Tolérance accordée pour le frai au-dessous de la tolérance de fabrication. | TITRE | | Pouvoir libératoire. | Valeur au pair. |
		Droit.	Tolérance au-dessus ou au-dessous.		Droit.	Tolérance au-dessus ou au-dessous.		
Or.	mill.	gr.	mill.	mill.		mill.		fr. c.
20 marks......	22,5	7,965						24,69
10 —	19,5	3,982	2,5	5	900/1.000	2	Illimité.	12,31⁵
5 —	17	1,991	4	8				6,17
Argent.								
5 marks... ..	38	27,778						5,56
2 —	28	11,111						2,22
1 —	24	5,556	10		900/1.000	3	Limité à 20 marks.	1,11
50 pfennig.....	20	2,778						0,56
20 —	16	1,111	Illimité.					0,22
Nickel.								
20 pfennig.....	23	6,25			Nickel, 25			0,24
10 —	21	4			Cuivre, 75			0,12
5 —	18	2,5					Nominalement.	0,06
Bronze.								
2 pfennig.....	20	3,333			Cuivre, 95		Limité à 1 mark.	0,02
1 —	17,5	2	50		Etain, 4 Zinc, 1			0,01

(colonne "Tolérance accordée": Retirée quand l'effigie n'est plus reconnaissable.)

III. — AMÉRIQUE CENTRALE (RÉPUBLIQUES DE L').

COSTA-RICA, GUATEMALA, HONDURAS, NICARAGUA, SALVADOR.

Régime commun :

Étalon d'argent.

Système monétaire : piastres ou pesos d'or ou d'argent équivalant à la pièce française d'or ou d'argent de 5 francs.

Papier-monnaie.

Monnaies divisionnaires en majeure partie.

Prime sur l'or élevée.

Voy. Costa-Rica, Guatémala, Honduras, Nicaragua et Salvador.

IV. — ANGLETERRE (Royaume d').

EMPIRE BRITANNIQUE, GRANDE-BRETAGNE, ROYAUME-UNI D'ANGLETERRE, D'ÉCOSSE ET D'IRLANDE.

Étalon d'or (1816).

Unité monétaire : la *livre sterling* (pound sterling, £) dont la valeur au pair, en monnaie française, est 25 fr. 221.

TABLEAU DES MONNAIES ANGLAISES

frappées dans les ateliers monétaires de Londres et de Birmingham.

DÉNOMINATION	Diamètre.	POIDS		LIMITE du poids courant.	TITRE		Pouvoir libératoire.	VALEUR au pair.
		Droit.	Tolérance au-dessus ou au-dessous.		Droit.	Tolérance au-dessus ou au-dessous.		
Or.	mill.	gr.	gr.	gr.		mill.		fr. c.
5 livres............	36,2	39,91028	0,06479	39,68935				126,10
2 —	20,4	15,97611	0,02592	15,87574	916²/³/1000	2	Illimité.	50,44
1 livre (souverain)..	22 »	7,98805	0,01296	7,93787				25,22
1/2 —	19,3	3,99402	0,00648	3,96083				12,61
Argent.								
Couronne............	38,8	28,2759	0,1296	»				5,81
Double florin......	36,1	22,62072	0,1087	»				4,64
Demi-couronne.....	32,3	14,13795	0,0788	»				2,91
Florin............	28,5	11,31039	0,0646	»				2,33
Shilling..........	23,5	5,63518	0,0375	»	925/1000	4	Limité à 40 sh.	1,16
6 pence............	19,5	2,82759	0,0224	»				0,58
4 —	17,5	1,88500	0,017	»				0,39
3 —	16,3	1,41379	0,0138	»				0,29
2 —	13,5	0,91253	0,0093	»				0,19
1 penny....	11 »	0,47120	0,0056	»				0,095
Bronze.								
1 penny...........	31 »	9,44984	0,1889	»				0,103
1/2 —	25 »	5,6999	0,11339	»			Limité à 1 sh.	0,05
Farthing...........	20 »	2,83193	0,05660	»				0,025

V. — ARGENTINE (République).

Double étalon (loi du 5 nov. 1881).

Unité monétaire : le *peso* d'or ou d'argent (piastre), dont la valeur au pair, en monnaie française, est de 5 francs (1).

TABLEAU DES MONNAIES ARGENTINES

frappées à l'atelier monétaire de Buenos-Ayres.

DÉNOMINATION	Diamètre.	POIDS			TITRE		POUVOIR	VALEUR
		Droit.	Tolérance au-dessus ou au-dessous.		Droit.	Tolérance au-dessus ou au-dessous.	libératoire.	au pair.
Or.	mill.	gr.	mill.			mill.		fr. c.
Argentino......	22	8,0645	2			1		25 »
1/2 argentino..	19	4,0322						12 50
Argent.							Illimité.	
1 peso........	37	25	3	⎫ 900/1.000		2		5 »
50 centavos....	30	12,5	5	⎬		3	Toute somme in-	2 50
20 —	23	5					férieure à 20	1 »
10 —	18	2,5	7			5	pesos ne doit	0 50
5 —	16	1,25	10	⎭			pas contenir plus de 50 cen-	0 25
Nickel.							tavos en petite monnaie (ar-	
20 centavos....	21	4	4	⎫ Nickel, 25		»	gent, nickel ou	1 »
10 —	19	3	5	⎬ Cuivre, 75		»	bronze). Pour	0 50
5 —	17	2		⎭		»	toute somme supérieure à	0 25
Bronze.							20 pesos, la li-	
2 centavos....	30	10	10	⎧ Cuivre, 95		10	mite est portée	0 10
1 centavo.....	25	5		⎨ Étain, 4		5	à 100 centavos.	0 05
				⎩ Zinc, 1				

(1) Il faut, bien entendu, tenir compte du cours du métal, car, par suite de la baisse de l'argent, tandis que le peso or continue à valoir 5 francs, le peso argent ne vaut plus que 2 fr. 50 (1897), valeur nominale à part.

VI. — AUTRICHE-HONGRIE (Empire d').

Étalon d'or (loi du 2 août 1892).

Unité monétaire : la *Couronne* (*Krone*), dont la valeur au pair, en monnaie française, est de 1 fr. 05 c.

TABLEAUX DES MONNAIES AUSTRO-HONGROISES
frappées dans les ateliers monétaires de Vienne et de Kremnitz.

A. — Monnaies légales.

DÉNOMINATION	Diamètre.	POIDS Droit.	POIDS Tolérance au-dessus ou au-dessous.	TITRE Droit.	TITRE Tolérance au-dessus ou au-dessous.	POUVOIR libératoire.	VALEUR au pair.
Or.	mill.	gr.	mill.	mill.			fr. c.
20 couronnes (1)	21	6,775067	2		1		21 »
10 — (1)	19	3,387533		900/1000		Illimité.	10,50 (2)
Argent.							
Florin (2 cour.).	29	12,3457	4		3		2,47
1 couronne....	23	5	10	835/1000		Illimité pour les caisses de l'Etat; limité à 50 couronnes entre particuliers.	1,05 (2)
10 kreutzers (3)	18	4	15	500/1000	5	Limité à 5 florins pour les caisses de l'Etat; à 2 florins entre particuliers.	0,41
10 — (3)		3,333	10	400/1000	10		
5 — (3)	16	2,666		375/1000	5		0,37
Nickel.							
20 heller.......	21	4	»	Nickel pur	»	Limité à 10 couronnes.	0,21
10 —	19	3	»		»		0,105
Cuivre.							
1 kreutzer	19	3,333	»	Cuivre pur	»	Limité à 5 florins pour les caisses de l'Etat; à 50 kreutzers entre particuliers.	0,025
1/2 —	17	1,666	»		»		0,01
Bronze.							
2 heller.......	19	3,333	»	Cuivre, 95 / Etain, 4 / Zinc, 4	»	Limité à 10 couronnes pour les caisses de l'Etat; à 1 couronne entre particuliers.	0,02
1 —	17	1,666	»		»		0,01

(Nominalement.)

N.-B. — Il est frappé de chacune de ces pièces deux types : l'un spécial à l'Empire d'Autriche, l'autre spécial au Royaume de Hongrie.

(1) Les pièces de 20 et de 10 couronnes cessent d'avoir cours légal au-dessous de 6,71 grammes et 3,37 respectivement.

(2) L'unité monétaire, 1 couronne or = 1 fr. 05, monnaie fictive, est basée, non sur la couronne argent = 1 franc, mais sur la pièce de 10 couronnes or = 10 fr. 50.

(3) Ces pièces, retirées de la circulation depuis le 1er janvier 1897, ne seront reçues dans les caisses publiques que jusqu'au 31 décembre 1898.

B. — AUTRES MONNAIES, FRAPPÉES SEULEMENT A VIENNE.

| DÉNOMINATION | Diamètre. | POIDS | | TITRE | | VALEUR au pair. |
		Droit.	Tolérance au-dessus ou au-dessous.	Droit.	Tolérance au-dessus ou au-dessous.	
Or.	mill.	gr.	mill.		mill.	fr. c.
Quadruple ducat...............	39,5	13,9636	1 1/4	986¹/⁹/1000		47,41
Ducat........................	20 »	3,4909			1	11,85
8 florins (1).................	21 »	6,45161	2	900/1000		20 »
4 — (1)...................	19 »	3,2258				10 »
Argent.						
Thaler de Marie-Thérèse (2)......	39,5	28,0668	2 1/2	833¹/²/1000	2 1/2	5,20

(1) La frappe de ces pièces est interdite par l'article 9 de la loi du 2 août 1892. Elles ont cours en France.
(2) Cette pièce, dite aussi *thaler levantin*, qui date de 1780, bien que ne possédant pas une valeur officielle, est une monnaie commerciale encore très répandue.

Indépendamment du tableau B ci-dessus, voici, pour le compléter, celui des pièces remplacées par celles énumérées dans le tableau A en vertu de la loi du 2 août 1892.

DÉNOMINATION	POIDS	TITRE	VALEUR au pair.
Argent.	gr.		fr.c.
2 florins......................	24,691		4,94
1 florin (45 florins dans 1/2 kilogr. d'argent fin = 100 kreutzers....	12,345	900/1.000	2,47
1/4 d'argent..................	5,344	520/1.000	0,62
Double thaler d'association.......	37,034	900/1.000	7,41
Simple — 1 1/2 florin.	18,517		3,70
20 kreutzer...................	2,666	500/1.000	0,29
10 —	1,666	400/1.000	0,15

VII. — BELGIQUE (Royaume de).

Union latine : double étalon.

Même monnaie qu'en France, frappée à l'atelier monétaire de Bruxelles, sauf que depuis 1860 il n'est plus frappé de pièces de 5 et de 10 centimes en cuivre, ni depuis 1864, de pièces de 20 centimes en argent : ces trois pièces sont remplacées par les suivantes :

DÉNOMINATION	POIDS	TITRE	VALEUR nominale.
Nickel.	gr.		fr. c.
20 centimes...................	7 »	Cuivre, 75	0,20
10 —	3 »	Nickel, 25	0,10
5 —	2 »		0,05

VIII. — BOLIVIE (République de) ou Haut-Pérou.

Étalon d'argent.

Unité monétaire : le *boliviano* ou *peso* d'argent (piastre) dont la valeur au pair, en monnaie française, est de 5 francs.

TABLEAU DES MONNAIES BOLIVIENNES
frappées à l'atelier monétaire de Potosi (1).

DÉNOMINATION	DIAMÈTRE	POIDS	TITRE	VALEUR au pair.
Argent.	millimètres	gr.		fr. c.
Boliviano....................	35	25 »	900/1000	5 »
50 centavos (medio boliviano).....	30	12,5	Tolérance :	2,50
20 — (1 tomin)...........	23	5	3 0/0	1 »
10 — (1 real)...........	18	2,25	900/1.000	0,50
5 — (1 medio real).......	15	1,125	Tolérance : 8 0/0	0,25
Nickel.				Nominal.
10 centavos (1 real)..............	25	5 »	Nickel, 25	0,50
5 — (1 medio real)........	20	2,5	Cuivre, 75	0,25

(1) Sauf les monnaies de nickel fabriquées à la Monnaie de Paris.

. Les monnaies d'or — *onzas* et *escudos* — ne sont plus frappées depuis longtemps et ne se rencontrent plus; les bolivianos de 25 grammes sont devenus si rares qu'ils ont cessé, en fait, d'être pris pour unité monétaire; l'unité légale est devenue la pièce de 20 centavos pesant 4,5 grammes, et actuellement le boliviano consiste en 5 de ces pièces, ne représentant ainsi que 20,25 grammes d'argent fin au lieu de 22,25 grammes qu'en contient la pièce de 1 boliviano, laquelle fait 8 p. 100 de prime. Toutes les transactions se font donc sur la base de 1/5 bol. de 4,05 argent fin, devenu la véritable unité monétaire.

IX.— BRÉSIL (République du)

Étalon d'or.

Unité monétaire : le *milreis* de 1.000 *reis*, dont la valeur au pair, en monnaie française, est de 2 fr. 60 c.

Régime du papier-monnaie.

TABLEAU DES MONNAIES BRÉSILIENNES
frappées aux ateliers monétaires de Rio Janeiro et de Bruxelles.

DÉNOMINATION	POIDS	TITRE	VALEUR au pair.
Or.	gr.		fr. c.
20 milreis........	17,929		56,63
10 —	8,965		28,31
5 —	4,182		14,16
Argent.		916²/₃/1.000	
2 milreis........	25,5		5,19
1 —	12,75		2,60
500 reis........	6,375		1,30
Nickel.			
200 reis........	15 »		0,52
100 —	10 »		0,26
50 —	7 »		0,13
Bronze.		Nominalement.	
20 reis........	7 »		0,03
10 —	3,5		0,02¹/₂

1.000 milreis font un *conto.*

X. — BULGARIE (Principauté de).

Système français, sauf dénomination des pièces (1).
Unité monétaire : le *lew* de 100 *stotinkis*, dont la valeur au pair, en monnaie française, est de 1 franc.

TABLEAU DES MONNAIES BULGARES

*frappées aux ateliers monétaires de Kremnitz (or et argent)
et de Bruxelles (nickel).*

DÉNOMINATION	POIDS	TITRE	VALEUR au pair.
Or.	gr.		fr. c.
100 leva.............	32,25		100 »
20 —	6,45		20 »
10 —	3,22	900/1.000	10 »
Argent.			
5 leva....................	25 »		5 »
2 —	10 »	835/1.000	2 »
1 lew, 100 stotinkis............	5 »		1 »
50 stotinkis................	2,5		0,50
Nickel.			
20 stotinkis..................	5 »		0,20
Nickel et Cuivre.			
10 stotinkis.................	4 »		0,10
5 —	3 »		0,05
2 1/2 —	2 »		0,02¹/₂

(1) Ce système monétaire a été établi par la loi du 27 mai 1880 qui a autorisé en même temps la frappe des pièces d'or (*leva*), fixée, pour commencer, à 400.000 *leva*, mais qui n'a pas encore été effectuée.

XI. — CHILI (République du).

Pas de rapport officiel entre la monnaie d'or et celle d'argent.

Unité monétaire : le *peso* ou *piastre* de 100 *centavos*, dont la valeur est soumise aux fluctuations du change (1).

Régime du papier-monnaie.

TABLEAU DES MONNAIES CHILIENNES

frappées aux ateliers monétaires de Santiago (Pérou) et de Paris.
(Loi du 11 février 1895.)

DÉNOMINATION	Diamètre.	POIDS			TITRE		VALEUR
		Droit.	Tolérance au-dessus ou au-dessous.		Droit.	Tolérance au-dessus ou au-dessous.	au pair.
			Par pièce.	Par quantité de pièces.			
Or.	mill.	gr.	milligr.	millièm.		mill.	fr. c.
Condor, 20 pesos.......	27	11,98207	15,966	1			35,93
Doblon, 10 —	21	5,99103			916⁴/³/1000	2	17,97
Escudo, 5 —	16 1/2	2,99551	7,908	2			8,08
Argent.							
Peso.............	35	20	60	3			1 »
20 centavos....:.........	21 1/2	4	20	5	835/1000	4	0,80
10 —	17	2	14	7			0,40
5 —	14 1/2	1	10	10 .			0,20

(1) Valeur actuelle (1898) environ 1 fr. 80.

XII. — CHINE (Empire de la).

Étalon d'argent.

N. B. --- Un atelier monétaire a été installé, en 1889, à Canton, dans le but de remédier aux complications dues au peu de certitude des unités servant de base au système monétaire chinois. De bons résultats en ont déjà été obtenus et il est probable qu'une utile simplification, une unification nécessaire apporteront bientôt de l'ordre et de la clarté dans les monnaies de ce vaste empire.

Jusqu'ici, les monnaies frappées à Canton n'ont cours forcé et légal que dans quelques-unes des provinces chinoises, — les deux Kuang, Tche-Li, Tche-Kiang, etc., — mais le réseau ne tardera pas à s'étendre.

La circulation actuelle se fait en outre avec : les *piastres mexicaines*, sous forme de *chopped dollar* (ports ouverts) les dollars et pièces divisionnaires de la Cochinchine française (près de la frontière du Tonkin); *taëls* ou *liang* d'un poids d'argent variable suivant les contrées, etc. (*Voy.* ces différents mots dans le Dictionnaire.)

Voici le tableau des pièces frappées à Canton, auxquelles s'ajoutent les *sapèques* de cuivre.

DÉNOMINATION	POIDS	TITRE	RAPPORT avec les anciennes monnaies.	VALEUR au pair.
Argent.	gr.		taëls	fr. c.
Piastre..............	26,0	000/1000	0,72	5,38
50 centièmes de piastre..........	13,45	866/1000	0,36	2,57
20 —	5,38		0,146	0,98
10 —	2,69	820/1000	0,073	0,49
5 —	1,345		0,0363	0,25

XIII. — COLOMBIE (États-Unis de).

Étalon d'argent (loi du 9 juin 1871).

Unité monétaire : le *peso* d'argent de 100 *centavos*, dont la valeur au pair, en monnaie française, est de 5 francs.

Régime du papier-monnaie (1886).

TABLEAU DES MONNAIES COLOMBIENNES

frappées à l'atelier monétaire de Bogota.

DÉNOMINATION	POIDS	TITRE	VALEUR au pair.
Or.	gr.		fr. c.
Double condor, 20 pesos.........	32,258		100 »
Condor, 10 pesos...............	16,129	900/1.000	50 »
Argent.			
Peso, 100 centavos.............	25 »		5 »
1/2 peso, 50 centavos..........	12,5		2,50
2 decimos, 20 centavos........	5 »	835/1.000	1 »
1 décimo 10 —	2,5		0,50
1/2 — 5 —	1,25		0,25

XIV. — CONGO (États indépendants du).

Système français.

Mêmes monnaies qu'en France et en Belgique. Les pièces d'or décrétées, n'ont pas été monnayées. Les pièces de 10, 5, 2 et 1 centimes sont en cuivre et perforées au centre.

Monnaie fabriquée à l'atelier monétaire de Bruxelles.

XV. — CORÉE (Royaume de).

Les monnaies d'or et d'argent frappées ne sont pas en circulation; on n'emploie pas davantage le papier. Seules les pièces de cuivre et autres bas métaux circulent. Elles sont fabriquées à l'atelier monétaire de Chemulpo.

La pièce nationale est en cuivre. Il en fallait 525 pour faire un dollar. Depuis on en a frappé une cinq fois plus grande, mais sa valeur ne s'est pas maintenue et est même tombée de beaucoup au-dessous de l'ancienne.

XVI. — COSTA-RICA (République de).

Il n'est frappé pour ce pays que des monnaies divisionnaires d'argent.

Voy. Amérique centrale (Républiques de l').

XVII. — DANEMARK (Royaule de).

Étalon d'or (loi du 23 mai 1873).

Unité monétaire : la *Couronne* (*Krone*), dont la valeur au pair, en monnaie française, est de 1 fr. 389 (2).

---

(2) Les pièces d'argent étant à des titres très inférieurs à celui des pièces d'or, puisqu'il va de 800/1000 à 400/1000, la valeur au pair de la couronne comme unité ne s'applique qu'aux monnaies d'or ou à la monnaie de compte.

Système monétaire adopté par la Suède et la Norvège (conventions des 27 mai et 16 décembre 1875).

TABLEAU DES MONNAIES DANOISES

frappées à l'atelier monétaire de Copenhague.

DÉNOMINATION	Diamètre.	POIDS			TITRE		VALEUR au pair.
		Droit.	Tolérance au-dessus ou au-dessous.		Droit.	Tolérance au-dessus ou au-dessous.	
Or.	mill.	gr.	mill.			mill.	fr. c.
20 kroner......................	23	8,9606	1.5(1)		900/1000	1,5	27,78
10 —	18	4,1803	2				13,89
Argent.							
2 kroner......................	31	15 »	3		800/1000		2,67
1 kroner (100 œre)...............	25	7,5	5			3	1,33
25 œre......................	17	2,42	10		600/1000		0,32
10 —	15	1,45	15		400/1000		0,13
Bronze.							
5 œre......	27	8	»		Cuivre, 95		0,065
2 —	21	4	»		Étain, 4		0,026
1 —	16	2	»		Zinc, 1		0,013

POUVOIR LIBÉRATOIRE. — Les pièces d'or, perdant, par suite du frai, plus de 1/2 0/0 du poids légal, cessent d'avoir cours légal, mais continuent à être reçues dans les caisses publiques jusqu'à ce que cette perte ait atteint 2 0/0.

Pièces de 2 et 1 couronne, pouvoir libératoire limité à 20 couronnes ; à 10 couronnes pour celles de 25 et 10 œre ; à 1 couronne pour les pièces de bronze. Toutes ces pièces sont reçues dans les caisses publiques tant qu'il est possible de distinguer leur nationalité (Danemark, Suède ou Norvège), et les caisses publiques sont tenues de retirer de la circulation toute pièce défectueuse (dans les conditions indiquées ci-dessus) qui leur est versée.

(1) Cette tolérance n'est applicable qu'à une pièce isolée ; la tolérance n'est que de 5 grammes par 10 kilogrammes de pièces frappées.

XVIII. — ÉGYPTE (VICE-ROYAUTÉ D').

Étalon d'or (décret du 14 nov. 1885 = 7 seffer 1303).

Unité monétaire : la *Livre égyptienne* de 100 piastres subdivisées en 10 ochr'-el-guerche (dixièmes), dont la valeur au pair, en monnaie française, est de 25 fr. 61 c.

TABLEAU DES MONNAIES ÉGYPTIENNES

*frappées (depuis 1887) à l'atelier monétaire de Berlin, et, antérieurement,
à celui d'Alexandrie.*

DÉNOMINATION	Diamètre.	POIDS Droit.	POIDS Tolérance au-dessus ou au-dessous.	TITRE Droit.	TITRE Tolérance au-dessus ou au-dessous.	POUVOIR libératoire.	VALEUR au pair.
Or.	mill. 24	gr.	mill.	mill.	mill.		fr. c.
Livre, 100 piastres..		8,5					25,61
50 piastres.........		4,25	2				12,81
20 —		1,7		875/1000	1	Illimité.	5,13
10 —		0,85	5				2,56
5 —		0,425					1,28
Argent.							
20 piastres.........	40	28					5,18
10 —	33	14	3			Limité à 200 piastres.	2,59
5 —	26	7		833 1/3/1000	3		1,29
2 —	19	2,8	10				0,52
1 piastre, 10 ochr'-el-guerche.........	16	1,4					0,26
Nickel.							
5 ochr'-el-guerche..	21	4	»	Nickel, 25 Cuivre, 75	»	Limité à 10 piastres. (Nominalement.)	0,13
2 — ..	18	2,50	»		»		0,06
1 — ..	14,5	1,75	»		»		0,02
Bronze.							
1/2 ochr'-el-guerche.	20	3,333	»	Cuivre, 75 Etain, 4 Zinc, 1	»		0,01 1/2
1/4 — .	17,5	2	»		»		0,006

Les pièces de 1 livre et de 50 piastres qui, par suite du
frai, pèsent respectivement moins de 8,440 et 4,220 grammes
cessent d'avoir cours légal, mais continuent à être reçues par
le ministère des finances et ne sont pas remises en circulation.

Sont retirées par le Gouvernement, à leur valeur nominale, les pièces d'or de 20, 10 et 5 piastres, frappées en vertu
du décret du 14 novembre 1885, et les pièces d'argent, de
nickel et de bronze très diminuées de poids ou dont le frai
aurait effacé l'empreinte.

XIX. — ÉQUATEUR (République de l').

Étalon d'argent.

Unité monétaire : le *Sucre* (1) d'argent (loi du 1er avril 1884), dont la valeur au pair, en monnaie française, est de 5 francs.

TABLEAU DES MONNAIES ÉQUATORIALES

frappées aux ateliers monétaires de Santiago (Chili), Lima (Pérou), Birmingham (Angleterre) et Philadelphie (États-Unis d'Amérique).

DÉNOMINATION	Diamètre.	POIDS			TITRE			POUVOIR libératoire.	VALEUR au pair.
		Droit.	Tolérance au-dessus ou au-dessous.		Droit.	Tolérance au-dessus ou au-dessous.			
Argent.	mill.	gr.	mill.			mill.			fr. c.
Sucre, 10 réaux, 100 centavos.	37	25							5 »
1/2 —	30	12,5							2,50 •
2 10 —	23	5		3	900/1000	2	Illimité.		1 »
1/10 —	18	2,5							0,50
1/20 —	14	1,25							0,25
Nickel.									
5 centavos	14	3	»		»	»			0,25
1 centavo	»	»	»		»	»		Nominalement.	0,05
1/2 —	»	»	»		»	»			0,02 1/2
Bronze.									
2 centavos.	»	»	»		»	»			0,10
1 centavo	»	»	»		»	»			0,05
1/2 —	»	»	»		»	»			0,02 1/2

Les pièces de nickel et de bronze, sauf celles de 5 centavos en nickel, ne sont pas spéciales à la République de l'Équateur. Quant aux pièces d'or, prévues par la loi du 1er avril 1884,

(1) Le nom de *sucre* donné à cette monnaie vient du maréchal Sucre, président de la République de l'Équateur, dont l'effigie figure sur la plupart des pièces.

elles n'ont pas été monnayées. Voici toutefois dans quelles conditions elles devront l'être, en vertu de cette même loi :

DÉNOMINATION	Diamètre.	POIDS		TITRE		POUVOIR libératoire.	VALEUR au pair.
		Droit.	Tolérance au-dessus ou au-dessous.	Droit.	Tolérance au-dessus ou au-dessous.		
Or.	mill.	gr.	mill.		mill.		fr. c.
Double condor......	31	32,2580					100 »
Condor.....	26	16,12903					50 »
Doublon...........	21	6,45161	2	900/1000	2	Illimité.	20 »
1/5 condor..........	16	3,2258					10 »
1/10	13	1,6129					5 »

XX. — ESPAGNE (Royaume d').

Double étalon.

Unité monétaire : la *Peseta* de 100 centimos, dont la valeur au pair, en monnaie française, est de 1 franc.

Système monétaire créé par la loi du 19 octobre 1868, et basé sur la convention conclue en 1865 entre les pays de l'Union latine, sans toutefois que l'Espagne en fasse partie, ce qui soumet les monnaies espagnoles aux variations du cours du change.

Tableau

TABLEAU DES MONNAIES ESPAGNOLES

frappées à l'atelier monétaire de Madrid.

DÉNOMINATION	Diamètre.	POIDS		TITRE		Tolérance pour frai au-dessous de la tolérance de fabrication.	Pouvoir libératoire.	VALEUR au pair.
		Droit.	Tolérance au-dessus ou au-dessous.	Droit.	Tolérance au-dessus ou au-dessous.			
Or.	mill.	gr.	mill.		millièmes			fr. c.
100 pesetas....	35	32,25806						100 »
50 —	28	16,12903	1					50 »
25 —	23	8,06151				1/2 0/0	Illimité.	25 »
20 —	21	6,45161						20 »
10 —	19	3,2258	2	900/1000				10 »
5 —	17	1,6129						5 »
Argent.			3					
5 pesetas......	37	25 »						5 »
2 —	27	10 »	5				Limité à	2 »
1 peseta.......	23	5 »		835/1000		1 0/0	50pesetas	1 »
50 centimos....	18	2,5	7				entre par-	0,50
20 —	16	1 »					ticuliers.	0,20
Bronze.			10					
10 centimos....	30	10 »		Cuivre, 95	Cuivre, 10		Limité à	0,10
5 —	25	5 »		Etain, 4	Etain, 5		3 pesetas	0,05
2 —	20	2 »	15	Zinc, 1	Zinc, 5		entre par-	0,02
1 centimo	15	1 »					ticuliers.	0,01

XXI. — ÉTATS-UNIS D'AMÉRIQUE.

Double étalon (loi du 12 février 1873 et décret de 1878).

Unité monétaire : le *Dollar d'or* de 100 *cents*, dont la valeur au pair, en monnaie française, est de 5 fr. 183.

TABLEAU DES MONNAIES AMÉRICAINES

frappées dans les quatre ateliers monétaires de Philadelphie, Carson (Nev.), S. Francisco et New Orléans (1).

DÉNOMINATION	Diamètre.	POIDS Droit.	Tolérance de poids au-dessus ou au-dessous. par pièce.	par lot de pièces.	TITRE Droit.	Tolérance au-dessus ou au-dessous.	Pouvoir libératoire.	Valeur au pair.
Or (1).	mill	gr.	gr.		millièmes	mill.		fr. c.
Double aigle, 20 dollars.	34	38,436						103,65
Aigle, 10 dollars.......	27	16,718	0,0324	0,311 par 5000 dollars.		1		51,83
1/2 aigle, 5 dollars.....	22	8,359						25,91
1/4 — 1 1/2 dollars.	18	4,179	0,0162	0,311 par 1000 dollars.	900/1000		Illimité.	12,95
Dollar (2)............	13	1,672						5,18
Argent.								
Dollar, 100 cents.......	38	26,729		0,622 par 1000 pièces.				5,34
1/2 dollar.............	30	12,5	0,972			3	Limité à 10 dollars.	2,50
1/4 —	24	6,25		0,311 par 1000 pièces.				1,25
Dime, 10 cents........	18	2,5						0,50
Nickel.								
5 cents...............	21	5 »	0,1944	....	Cuivre, 75 Nickel, 25	25	Limité à 25 cents.	0,25
Bronze.								
1 cent........	19	3,11	0,1296	....	Cuivre, 95 Étain et zinc, 5	»		0,05

(1) Bien que la loi monétaire du 13 février 1873 n'indique pas de tolérance de frai pour les pièces d'or, elle stipule : 1° que celles qui auront perdu plus que la tolérance en faible indiquée par la loi n'auront cours que pour leur poids ; 2° que les caisses publiques pourront accepter, à leur valeur nominale, les pièces qui, après vingt ans de circulation, n'auront perdu que 1/2 0/0 de leur poids.

(2) Depuis la loi du 26 septembre 1890, le dollar d'or n'est plus frappé ; il n'est maintenu ici que comme unité monétaire.

(1) Indépendamment de ces quatre ateliers de frappe et d'affinage, il existe six ateliers d'essai : à New-York, Denver, Helena, Boise, Charlotte et Saint-Louis.

XXII. — FINLANDE (Grand-Duché de).

La Finlande a été placée par la loi russe du 9 août 1877 sous le régime monétaire spécial que voici :

Étalon d'or.

Unité monétaire : le *Markka* de 100 *penni*, dont la valeur au pair, en monnaie française, est de 1 franc, valeur basée sur le markka or.

TABLEAU DES MONNAIES FINLANDAISES

frappées à l'atelier monétaire de Saint-Pétersbourg.

DÉNOMINATION	POIDS		TITRE		VALEUR au pair.
	Droit.	Tolérance au-dessus ou au-dessous.	Droit.	Tolérance au-dessus ou au-dessous.	
Or.	gr.	millièmes		millièmes	fr. c.
20 markkaa.. ..	6,452	2 »	900/1000	1,5	20 »
10 —	3,226				10 »
Argent.					
2 markkaa..........	10,366	12,86	868/1000		2 »
1 —	5,183	17,11			1 »
50 penni..	2,549	26,11	750/1000	3	0,50
25 — ..	1,271	52,23			0,25
Bronze.					
10 penni..........	12,797	10 »			0,10
5 —	6,398	20 »			0,05
1 —	1,279				0,01

Nominalement.

N. B. — Pour les autres provinces russes, voy. RUSSIE,

XXIII. — FRANÇAISE (République).

Union latine : double étalon.

Unité monétaire : le *Franc* (lois des 18 germinal an III, 28 thermidor an III, 7 germinal an XI; 25 mai 1864, 14 juillet 1866).

A. — TABLEAU DES MONNAIES FRANÇAISES

frappées à l'atelier monétaire de Paris (Hôtel des Monnaies).

| DÉNOMINATION | Diamètre. | POIDS | | Tolérance pour le frai au-dessous de la tolérance de fabrication. | TITRE | | POUVOIR libératoire. |
		Droit.	Tolérance au-dessus ou au-dessous.		Droit.	Tolérance au-dessus ou au-dessous.	
Or.	mill.	gr.	mill.		millièmes	millièmes	
100 francs.........	35	32,258					
50 —	28	16,129	1				
20 —	21	6,4516		5		1	
10 —	19	3,2258	2		900/1000		Illimité.
5 —	17	1,6129					
Argent.			3				
5 francs.........	37	25 »		10		2	Limité
2 —	27	10 »					à 50 francs
1 franc, 100 centimes.	23	5 »	5	50	835/1000	3	entre
50 centimes.........	18	2,5 »	7				particuliers
20 —	16	1 »					(1).
Bronze.			10				Limité
10 centimes.........	30	10 »			Cuivre, 95	Cuivre, 10	à l'appoint
5 —	25	5 »			Étain, 4	Étain, 5	de la pièce
2 —	20	2 »	15		Zinc, 1	Zinc, 5	de 5 francs
1 centime.	15	1 »					(2).

(1) Article 6 de la convention de 23 décembre 1865.
(2) Décret du 18 août 1810.

B. — TABLEAU DES MONNAIES COLONIALES

frappées à l'atelier monétaire de Paris (Hôtel des Monnaies).

I. INDO-CHINE.

(Cochinchine, Tonkin, Annam, Cambodge.)

Système monétaire spécial, adopté par la France en 1881, et conforme au système international des mers de la Chine. Étalon d'argent.

Unité monétaire : la *piastre* de 100 *cents*, conforme à l'ancienne piastre mexicaine à colonne, dite parfois dollar, pièce d'argent de 27 grammes qui était au titre de 902/1000, dont la valeur au pair, en monnaie française, est de 5 fr. 44 c.

Au type ancien de cette piastre, dont la frappe a été suspendue par décision ministérielle (juillet 1893), a succédé un type nouveau, frappé depuis 1895.

DÉNOMINATION	Diamètre.	POIDS		TITRE		VALEUR au pair.
		Droit.	Tolérance au-dessus ou au-dessous.	Droit.	Tolérance au-dessus ou au-dessous.	
Argent.	mill.	gr.	millièmes		millièmes	fr. c.
Piastre............	39	27 »				5,44
50 cents.	29	13,5	3		3 au-dessus,	2,72
20 —	26	5,4	5	900/1000	2 au-dessous.	1,08
10 —	19	2,7	7			0,54
Bronze (1).				Cuivre, 95	Cuivre, 10	Nominale.
1 cent, 5 sapèques.	27,5	7,5	10	Étain, 4	Étain, 5	0,10
1/5 cent, 1 sapèque.	20	2 »	15	Zinc, 1	Zinc, 5	0,02

(1) Cette monnaie de bronze n'est employée ni au Tonkin, ni en Annam : les Annamites se servent toujours de l'ancienne sapèque en zinc, percée au centre, et dont 600 réunies forment une *ligature* divisée en 10 tiens de 60 sapèques. Le cours de la ligature varie de 7 à 8 ligatures pour 1 piastre, suivant chaque province.

II. — TUNISIE.

Système français depuis 1892.

DÉNOMINATION	Diamètre.	POIDS		Tolérance pour le frai au-dessous de la tolérance de fabrication.	TITRE	
		Droit.	Tolérance au-dessus ou au-dessous.		Droit.	Tolérance au-dessus ou au-dessous.
Or.	mill.	gr.	millièmes	mill.		millièmes
20 francs.........	21	6,4516	2	5	900/1000	1
10 —	19	3,2258				
Argent.						
2 francs....	27	10 »				
1 franc...........	23	5 »	5	50	835/1000	3
50 centimes......	18	2,5	7			
Bronze.						
10 centimes.......	30	10 »	10	»	Cuivre, 95	Cuivre, 10
5 —	25	5 »		»	Étain, 4	Étain, 5
2 —	20	2 »	15	»	Zinc, 1	Zinc, 5
1 centime........	15	1 »		»		

III. — GRANDE-COMORE.

DÉNOMINATION	Diamètre.	POIDS		TITRE	
		Droit.	Tolérance au-dessus ou au-dessous.	Droit.	Tolérance au-dessus ou au-dessous.
Argent.	mill.	gr.	millièmes		millièmes
5 francs..............	37	25	3	900/1000	2
Bronze.					
10 centimes...........	30	10	5	Cuivre, 95	Cuivre, 10
5 —	25	5		Étain, 4	Étain, 5
				Zinc, 1	Zinc, 3

Voy. BONS DE CAISSE dans le DICTIONNAIRE.

XXIV. — GRÈCE (Royaume de).

Union latine : double étalon.

Unité monétaire : la *Drachme* de 100 *lepta*, dont la valeur au pair, en monnaie française, est de 1 franc.

Depuis 1885 la Grèce n'a émis que des monnaies de nickel frappées à Paris, à partir de 1893. Quant aux monnaies d'or et d'argent, elles ne circulent plus, remplacées par un papier-monnaie à cours forcé qui subit une perte plus ou moins considérable.

Voy. les mots DRACHME et LEPTON dans le Diction-naire.

XXV. — GUATEMALA (République de).

Comme, plus ou moins, toutes les républiques de l'Amérique centrale, le Guatemala étant au régime du papier-monnaie, son atelier monétaire, ainsi que ceux de la plupart de ces autres pays, chôme. Il n'a été frappé jusqu'ici, à titre d'essai, que les pièces suivantes à la Monnaie de Paris :

DÉNOMINATION	VALEUR AU PAIR	NOMBRE DE PIÈCES
Or.	fr. c.	
10 piastres ou pesos......................	50 »	10
5 —	25 »	10
Argent.		
1 piastre.	5 »	15
4 reales............	2,50	15
2 —	1,25	15
1 real	0,625	15
1/2 —	0,31	15
1/4 —	0,15	15

XXVI. — HAITI (République de).

Système français (poids et titres).

Double étalon.

Unité monétaire : la *Gourde* de 100 *cents*, dont la valeur au pair, en monnaie française, est de 5 francs.

TABLEAU DES MONNAIES HAITIENNES
frappées à l'atelier monétaire de Paris.

DÉNOMINATION	POIDS	TITRE	VALEUR au pair.
Argent.	gr.		fr.c.
1 gourde......................	25 »	900/1000	5 »
50 cents....... ....,. ..	12,5		2,50
20 —	5 »	835/1000	1 »
10 —	2,5		0,50
Bronze.			Nominalement.
2 cents.......	»		0,10
1 cent...........	»		0,05

XXVII. — HAVAI (Royaume de).

Unité monétaire : le *dollar* américain, dont la valeur au pair, en monnaie française, est de 5 fr. 31 c.

Régime du papier-monnaie.

TABLEAU DES MONNAIES HAVAIENNES
frappées à l'atelier monétaire d'Honolulu.

DÉNOMINATION	POIDS	TITRE	VALEUR au pair.
Argent.	gr.		fr.c.
Dollar....................	20,729		5,31
1/2 dollar......	12,5		2,50
1/4 —	6,25	900/1000	1,25
Dime.....................	2,5		0,50
1/20 dollar................	1,25		0,25
Bronze.			
1/50 dollar...................	0,50		0,10

La circulation se compose entièrement de papier-monnaie et de pièces de 5 et de 10 dollars américains.

XXVIII. — HOLLANDE (Royaume de)

Double étalon.

Unité monétaire : le *Florin* de 100 *cents*, dont la valeur au pair, en monnaie française, est de 2 fr. 08 c.

TABLEAU DES MONNAIES HOLLANDAISES
frappées dans l'atelier monétaire d'Utrecht.

A. — Monnaies pour la Hollande.

DÉNOMINATION	Diamètre.	POIDS			TITRE			POUVOIR libératoire.	VALEUR au pair.
		Droit.	Tolérance au-dessus ou au-dessous.		Droit.	Tolérance au-dessus ou au-dessous.			
Or.	mill.	gr.	mill.		millièmes.				fr. c.
Double ducat (1).....	26	6,988	1		983/1000	0,5			23,54
Ducat (2)...........	21	3,494	1,5						11,77
10 florins..........	22,5	6,72			900/1000			Illimité.	20,83
Argent.			2			1,5			
2 1/2 florins.........	38	25 »							5,20
1 florin...	28	10 »	3		945/1000				2,08
1/2 —	22	5 »	5						1,04
25 cents............	19	3,575	6					Limité à 10 florins.	0,50
10 ··	15	1,4	10		640/1000	4			0,20
5 —	12,5	0,685	12						0,10
Bronze.									
2 1/2 cents..........	23,5	4 »	1pièce sur 100.		Cuivre, 95 Etain, 4 Zinc 1	Cuivre, 10 Etain et zinc, 5		Limité à un quart de florin.	Nominale. (0,05 (0,02 (0,01
1 cent.............	19	2,5							
1/2 --	14	1,25							

(1) Cette pièce n'a pas été fabriquée pour la circulation.
(2) Cette pièce sert surtout dans les colonies néerlandaises d'Asie.

B. — Monnaies pour les Indes Orientales Hollandaises.

DÉNOMINATION	Diamètre.	POIDS		TITRE		POUVOIR libératoire.	VALEUR au pair.
		Droit.	Tolérance au-dessus ou au-dessous.	Droit.	Tolérance au-dessus ou au-dessous.		
Argent.	mill.	gr.	mill.		mill.		fr. c.
1/4 florin...........	19	3,18	6			Limité	0,45
1/10 —	15	1,25	10	720/1000	2	à	0,18
1/20 —	12,5	0,61	12			10 florins.	0,09
Cuivre.						Limité	
2 1/2 cents...........	31	12,5	1	Cuivre		à	
1 cent	23,5	4,8	pièce	pur.	»	2 florins.	
1/2 —	17	2,3	sur 50.)				

XXIX. — HONDURAS (République du).

Parmi les républiques de l'Amérique centrale, le Honduras
est une de celles qui souffrent le moins des effets du papier-
monnaie ; sa propre monnaie métallique étant insuffisante,
les *pesos* chiliens, les *sols* péruviens et tout ce qui reste de
l'ancienne monnaie nationale guatemalienne s'y ajoutent
pour les besoins de la circulation.

La monnaie nationale du Honduras, frappée à l'atelier
monétaire de Comayagua, est conforme au système décimal.

Étalon d'argent.

Unité monétaire : le *peso* de 100 *centavos*, dont la valeur
au pair, en monnaie française, est de 5 francs.

TABLEAU

DÉNOMINATION	DIAMÈTRE	POIDS	TITRE	VALEUR au pair.
Argent.	millimètres	gr.		fr. c.
Peso........	37	25 »		5 »
50 centavos....................	30	12,5		2,50
25 —	26	6,25	900/1000	1,25
10 —	18	2,5		0,50
5 —	16	1,25		0,25
Bronze.			Cuivre, 95	
2 centavos	30	10 »	Étain, 4	0,10
1 centavo.....................	25	5 »	Zinc, 1	0,05

XXX. — INDES ANGLAISES (Vice-Royauté des).

Étalon d'argent.

Unité monétaire : la *roupie* de 16 *annas*, dont la valeur
au pair, en monnaie française, est de 2 fr. 38 c.

Bien que le système monétaire des Indes britanniques ait
encore pour base l'étalon unique d'argent, le nouveau régime
adopté le 26 juin 1893 par le Gouvernement a pour effet,
sinon l'adoption légale, du moins l'établissement officiel de
l'étalon unique d'or, qui règle désormais la circulation ;
l'argent, devenu pour ainsi dire monnaie fiduciaire, ne circule plus que dans des conditions identiques à celles des
pays de l'Union latine. Mais ce n'est là qu'un état transitoire,
car en vain a-t-on fermé les ateliers monétaires de l'Inde —
au moins les monnaies officielles de Calcutta et de Bombay (1)
— à la frappe des pièces d'argent, comme l'ont été depuis

(1) Indépendamment des monnaies gouvernementales de Calcutta et de Bombay, les petites monnaies des autorités indigènes de l'Inde continuent leur
frappe spéciale de pièces d'argent : près de 30 millions d'onces de 1891 à 1896
inclusivement.

plus de vingt ans les monnaies de l'Union latine (1); en vain a-t-on prétendu fixer la valeur de la *roupie* à 16 pence, de l'*anna* à 1 penny, de 15 roupies à £1 — ce qui donne à la roupie une valeur de 1 fr. 68 — ces mesures resteront, en fin de compte, inefficaces et d'application passagère, comme toute réglementation qui, allant à l'encontre des lois écono- miques, est, par cela même, condamnée à l'impuissance.

TABLEAU DES MONNAIES INDIENNES

frappées dans les ateliers monétaires de Calcutta et de Bombay.

| DÉNOMINATION | Diamètre. | POIDS | | TITRE | | VALEUR au pair. |
		Droit.	Tolérance au-dessus ou au-dessous.	Droit.	Tolérance au-dessus ou au-dessous.	
	mill.	gr.	mill.	mill.	mill.	fr. c.
Or.						
1 mohur, 15 roupies	26	11,663				36,83
2/3 — 10 —	22	7,776	2			24,55
1/3 — 5 —	19,5	3,888			2	32,28
Argent.				916¹,³/1000		
1 roupie, 16 annas...	30	11,664				2,38
1/2 — 8 —	24	5,832	5			1,19
1/4 — 4 —	19	2,916	7		3	0,595
1/8 — 2 —	15	1,458	10			0,897
Cuivre.						Nominal.
2 pice, 1/2 anna..........	31	12,96		»	»	0,07¹,²
1 — 1/4 — , 3 pies... .	25	6,48	25	»	»	0,03¹,³
1/2 pice, 1/8 anna, 1 1/2 pie.. . .	21	3,24		»	»	0,017,²
1 — 1/2 —	17	2,16		»	»	0,01¹,⁴

Voy. ROUPIE dans le DICTIONNAIRE.
INDO-CHINE FRANÇAISE. — *Voy.* FRANCE.

(1) Une convention monétaire, signée par les pays de l'Union latine, convention qui n'attend plus que la ratification des Parlements des pays signataires, étend la limite de la frappe des monnaies divisionnaires à raison de 1 franc par tête d'habitants. Cette nouvelle monnaie ne doit être fabriquée qu'à l'aide d'une égale valeur prise sur le stock d'écus de 5 francs qu'on transformerait, ces écus étant en trop grande quantité. V. UNION LATINE, p. XXXV.

XXXI. — ITALIE (Royaume d').

Union latine ; double étalon.

Système décimal français.

Unité monétaire : la *Lira* de 100 *centesimi*, dont la valeur au pair, en monnaie française, est de 1 franc.

TABLEAU DES MONNAIES ITALIENNES

frappées dans les ateliers monétaires de Rome et de Milan.

DÉNOMINATION	Diamètre.	POIDS		Tolérance pour le frai au-dessous de la tolérance de fabrication.	TITRE		POUVOIR libératoire.	VALEUR au pair.
		Droit.	Tolérance au-dessus ou au-dessous.		Droit.	Tolérance au-dessus ou au-dessous.		
Or.	mill.	gr.	mill.	millièm.		mill.		fr. c.
100 lire........	35	32,258	1					100 »
50 —	28	16,129		5				50 »
20 —	21	6,4516	2			1		20 »
10 —	19	3,2258			900/1000		Illimité.	10 »
5 —	17	1,6129	3					5 »
Argent.								
5 lire..........	37	25 »		10		2		5 »
2 — ...	27	10 »	5				Limité à 50 lire entre particuliers (1).	2 »
1 lira..........	23	5 »		50	835/1000	3		1 »
50 centesimi...	18	2,5	7					0,50
20 — ...	16	1 »	10					0,20
Nickel.								
20 centesimi...	21	4 »	15	»	Nickel, 25 Cuivre, 75	10	Limité à l'appoint de la pièce de 5 lire (2).	0,20
Bronze.								
10 centesimi...	30	10 »	10	»			Limité à l'appoint de la pièce de 1 lira (3).	0,10
5 — ...	25	5 »			Cuivre, 96			0,05
2 — ...	20	2 »	15	»	Étain, 4	5		0,02
1 centesimo...	15	1 »						0,01

(1) Convention monétaire du 23 décembre 1865, article 6.
(2) Décret du 21 février 1894 ; loi du 22 juillet 1894.
(3) Loi du 20 août 1862.

·XXXII. — JAPON (EMPIRE DU).

Étalon d'or.

Système décimal.

Unité monétaire : le *Yen*, poids de deux *fun* (11,574 grains ou 750 milligrammes) d'or fin.

Le *yen* se divise en 100 *sen*, et le *sen* en *10 rin*. Il n'est représenté, en or, que par multiples : pièces de 20, 10 et 5 *yen*, et en argent que par sous-multiples : 5, 20, 10 *sen*, car la même loi de mars 1897, en vigueur depuis le 1er octobre 1897 (1er j. du 10e m. de la 30e année du Meiji) qui a institué le nouveau système monétaire, a, par son article 18, suspendu la frappe des pièces d'argent de 1 *yen*.

TABLEAU DES MONNAIES JAPONAISES
frappées à l'atelier monétaire d'Osaka.

DÉNOMINATION	POIDS		LIMITE du poids courant.	TITRE		POUVOIR libératoire des pièces.	VALEUR au pair.
	Droit.	Tolérance au-dessus ou au-dessous.		Droit.	Tolérance au-dessus ou au-dessous.		
Or.	gr.	gr.	gr.		mill.		fr. c.
20 yen..........	16,6665	0,0324	16,575	900/1000	1	Illimité.	51,66
10 —	8,3333	0,0239	8,2875				25,83
5 —	4,1666	0,0162	4,1438				10,33
Argent.							
50 sen..........	13,4783	0,0072	»	800/1000	3	Limité à 10 yen.	2,57(1)
20 —	5,3914		»				1,02
10 —	2,6955		»				0,51
Nickel.							
5 sen..........	4,6654	»	»	Cuivre, 75 / Nickel, 25	»	Limité à 1 yen.	0,25
Bronze.							
1 sen..........	7,128	»	»	Cuivre, 95 / Etain, 4 / Zinc, 1	»		0,05
5 rin..........	3,564	»	»		»		0,02

(La colonne VALEUR porte la mention « Nominale. » pour le Nickel et le Bronze.)

(1) Comme on le voit, l'écart entre la valeur de l'or et celle de l'argent étant doublé par suite de la loi de 1897, il en résulte qu'*au pair* la valeur des pièces d'argent se trouve doublée en monnaie française d'après sa valeur nominale actuelle, mais, en réalité, ramenée au cours de l'argent. La valeur intrinsèque de 50 sen est donc seulement de 1 fr. 27 c. Ainsi de suite pour les pièces de 20 et de 10 sen : 50 et 25 centimes.

MAROC (Empire du).

Système espagnol.

A la monnaie espagnole courante a été ajoutée, en 1884, une monnaie française, frappée à la Monnaie de Paris, qui a cours concurremment.

Cette monnaie se compose de pièces d'argent de 5 francs, 2 fr. 50 c., 1 fr. 25 c., 0 fr. 50 c., 0 fr. 25 c.

Monnaie de cuivre indigène, pièces de 1/3 et de 2/3 de centime.

MEXIQUE (République du).

Étalon d'argent.

Unité monétaire : le *peso* d'argent (piastre mexicaine) de 100 *centavos*, dont la valeur au pair, en monnaie française, est de 5 fr. 43 c.

TABLEAU DES MONNAIES MEXICAINES
frappées dans les onze ateliers monétaires mexicains.

DÉNOMINATION	Diamètre.	POIDS		TITRE		POUVOIR libératoire.	VALEUR au pair.
		Droit.	Tolérance au-dessus et au-dessous.	Droit.	Tolérance au-dessus et au-dessous.		
Or.	mill.	gr.	mill.		mill.		fr. c.
20 pesos............	34	33,841	75				102 »
10 —	27	16,92	50				51 »
5 —	22	8,46	38	875/1000	2		25,50
2 1/2 pesos..........	18	4,23	38				12,75
1 peso..............	15	1,692	25				5,10
Argent.						Illimité.	
1 peso ou piastre, 100 centavos......	39	27,073	100				5,43
50 centavos....... .	30	13,536	75	903,777			2,71
25 —	23	6,768	50	——— 1000	3		1,35
10 —	17	2,707	50				0,54
5 —	14	1,353	25				0,27
Cuivre.							
1 centavo..........	25	8 »	64	Cuivre pur.	»	Limité à 25 centavos.	0,03

Les monnaies de nickel de 5, 2 et 1 centavo, créées en 1882 ont été retirées en 1886.

MONACO (Principauté de).

Système français et monnaie française.

Les deux seules pièces fabriquées spécialement sont les pièces d'or de 100 et de 20 francs, absolument semblables aux pièces similaires françaises, sauf l'effigie, et frappées à la Monnaie de Paris.

MONTENEGRO (Royaume de).

Comme en Autriche-Hongrie.

NICARAGUA (République de).

Système monétaire : la *Piastre* de 100 *centavos*, dont la valeur au pair, en monnaie française, est de 5 francs et qui se divise aussi en 10 réaux.

Les seules pièces frappées spécialement sont les suivantes :

DÉNOMINATION	POIDS	TITRE	VALEUR au pair.
Argent.	gr.		environ. fr.c.
20 centavos...............	5 »		1 »
10 — ,...............	2,5	800/1.000	0,50
5 —	1,25		0,25

Voy. AMÉRIQUE CENTRALE.

NORVÈGE (Royaume de).

Le système monétaire établi par la loi du 4 juin 1873 est identique à celui qui est en vigueur en Danemark et en Suède et les pièces frappées à l'atelier monétaire de Stockholm ont les mêmes poids, titres et diamètres que les pièces suédoises et danoises : étalon d'or; unité monétaire la *Krone* de 100 *öre*, dont la valeur est de 1 fr. 39 c.

PÉROU (République de).

Étalon d'argent.

Unité monétaire : le *Sole* de 100 *centavos* (loi du 14 février 1864), dont la valeur au pair, en monnaie française, est de 5 francs.

Ce pays, longtemps au régime du papier-monnaie, a repris ses paiements en argent.

Situation transitoire : livre sterling (*libra*) et monnaie anglaise.

PERSE (Royaume de).

Étalon d'argent.

Par suite de l'altération fréquente du titre, du manque de statistique et, d'une part, d'entrées monétaires dans le trésor du schah, de l'autre, d'exportations métalliques, une grande incertitude règne dans la monnaie persane.

On compte en *dinars* et en *krans* de 1.000 dinars.

Le tableau suivant des monnaies de Perse frappées à l'atelier monétaire de Téhéran, n'est donc donné qu'à titre de renseignement approximatif :

DÉNOMINATION	POIDS	TITRE	VALEUR au pair.
Or.	gr.		fr. c.
2 échréfi ou tomans = 20 krans...	5,70		17,66
1 — = 10 — ...	2,85		8,83
1 pendj-hezari = 1/2 toman......	1,42½		4,42
Argent.		900/1.000	
5 krans.................	23 »		4,60
2 —	9,20		1,84
1 kran.................	4,60		0,92
1 panabad = 0,50 kran..........	2,3		0,46
1 abassi = 0,25 kran..........	1,15		0,23
Cuivre.			
1 abassi.................	20 »		0,33
2 chahi = 0,10.................	10 »		0,13
1 chahi.................	5 »		0,06
1/2 chahi = 1 puli.................	2,5		0,03

PHILIPPINES (Iles).

L'atelier monétaire des îles Philippines est · fermé depuis 1889.

PORTUGAL (Royaume de).

Étalon d'or,

Unité monétaire : le *Milreis* de 1.000 *réis*, dont la valeur au pair, en monnaie française, est de **5 fr. 60 c.** (exactement : 5,5996).

TABLEAU

TABLEAU DES MONNAIES PORTUGAISES
frappées à l'atelier monétaire de Lisbonne.

DÉNOMINATION	DIAMÈTRE	POIDS	TITRE	VALEUR au pair.
Or.	millimètres	gr.		fr. c.
Coroa (couronne) = 10 milreis...	30	17,735		56 »
1/2 — 5 —	23	8,868		28 »
1/5 — 2 —	18,5	3,547		11,20
1/10 — 1 —	11	1,774	916¹/₃/1.000	5,60
Argent.				
5 tostaos = 500 reis..	30	12,5		2,80
2 — 200 —	23	5 »		1,12
1 tostao = 100 —	18,5	2,5		0,56
1/2 — 50 —	14	1,25		0,28
Bronze.				Nominalem.
20 reis...................	30	12 »	Cuivre, 96	0,10
10 —	23	6 »	Étain, 2	0,05
5 —	20	3 »	Zinc, 2	0,02¹.»

Régime du papier-monnaie.

ROUMANIE (Principauté de).

Étalon d'or.

Système français.

Unité monétaire : le *leu* de 100 *bani*, dont la valeur au pair, en monnaie française, est de 1 franc.

TABLEAU DES MONNAIES ROUMAINES
frappées à l'atelier monétaire de Bucarest et à celui de Bruxelles.

DÉNOMINATION	POIDS	TITRE	VALEUR au pair.
Or.	gr.		fr. c.
20 lei	6,452		20 »
10 —	3,226		10 »
5 —	1,613	900/1000.	5 »
gent.			
5 lei	25 »		5 »
2 —	10 »		2 »
1 leu..................	5 »	835/1000	1 »
1/2 leu	2,5		0,50
Bronze.			Nominalement.
10 bani	10 »		0,10
5 —	5 »		0,05
2 —	2 »		0,02
1 —	1 »		0,01

RUSSIE (Empire de).

Étalon d'or.

Système monétaire résultant de l'oukase du 3/15 janvier 1897 : la monnaie étalon est désormais l'or, personnifié par l'*Impériale* et la *Demi-Impériale*. La demi-impériale équivaut à la pièce française de 20 francs, et contient même 306 millionièmes de gramme de fin en plus. Le rouble argent ou le rouble crédit n'est plus que la quinzième partie de l'impériale, soit 2 fr. 6666. L'or monnayé représente donc, non plus 15 fois 1/2 la valeur de l'argent monnayé à poids égal, mais 23 fois 1/4, modification similaire à celle introduite par le Japon et résultant logiquement de la baisse de l'argent métal.

Toutefois, le *rouble* de 100 *kopeks* reste l'unité monétaire de la Russie, mais, au pair français, la valeur du rouble argent, qui était de 4 francs, n'est plus que de 2 fr. 6666.

TABLEAU DES MONNAIES RUSSES
frappées aux ateliers monétaires de Saint-Pétersbourg et de Paris.

DÉNOMINATION	Diamètre.	POIDS Droit.	Tolérance au-dessus ou au-dessous.	Tolérance pour le frai au-dessous de la tolérance de la fabrication.	TITRE Droit.	Tolérance au-dessus ou au-dessous.	POUVOIR libératoire.	VALEUR au pair.
Or.	mill.	gr.	mill.	millièm.		mill.		fr. c.
Impériale.....	21,4	12,9036	1,377	3,5				40 »
1/2 impériale .	21,3	6,4518	2,067	8,0		1		20 »
Argent.					900/1000		Illimité.	
Rouble.........	33,5	20 »	3,1	»				2,66
50 kopeks......	26,7	10 »		»		2		1,33
25 —	22,6	5 »	5,32	»				0,66
20 —	21,8	3,599	37,03	»			Limité	0,40
15 —	19,5	2,699	41,5	»	500/1000	5	à 3 roubles	0,30
10 —	17,3	1,799	49,38	»			entre	0,20
5 —	15 »	0,899	74,07	»			particuliers.	0,10
Cuivre rouge.								
5 kopeks (1)...	32 »	16,38	»	»		»	»	0,10
3 —	27,7	9,83	»	»		»	»	0,06
2 —	23,9	6,55	»	»	(2)	»	»	0,04
1 kopek —	21,3	3,28	»	»		»	»	0,02
1/2 —	16 »	1,64	»	»		»	»	0,01
1/4 —	13 »	0,82	»	»		»	»	0,005

(1) Ces pièces ne sont plus frappées depuis 1882.
(2) Avec 1 kilogr. on frappe pour 3 roubles 0321 de monnaie de toute nature.

La loi du 9 août 1877 a placé le Grand-Duché de Finlande sous un régime monétaire spécial. *Voy.* FINLANDE.

SALVADOR (République du).

Par exce... on vis-à-vis des autres républiques de l'Amérique centrale qui ont l'étalon d'argent, celle de Salvador a adopté l'étalon d'or, et un établissement monétaire dû à l'initiative d'un syndicat français a été installé à San Salvador.

Unité monétaire le *peso* ou *piastre* de 100 *centavos*, pesant 1,613 grammes à 900/1000 c'est-à-dire 1,45 grammes fin, ce qui équivaut à la pièce française de 5 francs.

DÉNOMINATION	POIDS	TITRE	VALEUR au pair.
Or.	gr.		fr. c.
20 pesos ou plastres.............	32,258		100 »
10 —	16,129		50 »
5 —	8,0645		25 »
2 —	3,2258	900/1.000	10 »
1 peso ou piastre...............	1,6129		5 »
Argent.			
1 peso ou piastre....	25 »		5 »
0,50 centavos...................	12,5		2,50
0,20 —	5 »	835/1.000	1 »
0,10 —	2,5		0,50
0,05 —	1,25		0,25
Nickel.			
0,05 centavos..................	3,175		0,25
0,03 —	1,875		0,15
0,02 —	1,270	Nominalement.	0,10
0,01 centavo	0,635		0,05

N. B. — Toutes ces pièces n'ont pas encore été frappées et plusieurs ne l'ont été qu'en petite quantité : celles d'or par exemple.

SERBIE (Royaume de).

Par la loi du 10 décembre 1878, la Serbie a remplacé l'ancien système monétaire, basé sur la *piastre*, par le régime français, tel qu'il a été arrêté par la convention monétaire de l'Union latine, sans toutefois en faire partie, ce qui place la Serbie dans une situation analogue à celle de l'Espagne.

Double étalon.

Unité monétaire : le *dinar* de 100 *paras*, qui correspond au franc, et dont la valeur au pair, en monnaie française est de 1 franc.

TABLEAU DES MONNAIES SERBES

frappées aux ateliers monétaires de Paris, de Vienne et de Birmingham.

DÉNOMINATION	Diamètre.	POIDS		TITRE		POUVOIR libératoire.	VALEUR au pair.
		Droit.	Tolérance au-dessus et au-dessous.	Droit.	Tolérance au-dessus et au-dessous.		
Or.	mill.	gr.	mill.		mill.		fr. c.
20 dinars........ ...	21	6,4516	2		1	Illimité.	20 »
10 —	19	3,2258		900/1000			10 »
Argent.						Limité à 500 dinars entre particuliers.	
5 dinars..........	37	25 »	3		2		5 »
2 —	27	10 »	5		3	Limité à 50 dinars entre particuliers.	2 »
1 dinar...........	23	5 »		835/1000			1 »
50 paras..........	18	2,5	7				0,50
Nickel.						Limité à 5 dinars entre particuliers.	
20 paras...........	22	6 »	10	Cuivre, 75			0,20
10 —	20	4 »	13	Nickel, 25			0,10
5 —	17	3 »	15		10		0,05
Bronze.						Limité à 1 dinar entre particuliers.	
10 paras...........	30	10 »	10	Cuivre, 94			0,10
5 —	25	5 »		Étain, 4			0,05
1 para.	15	1 »	15	Zinc, 1	5		0,01

SUÈDE (Royaume de).

Étalon d'or.

Système monétaire commun avec le Danemark et la Norvège. (*Voy.* DANEMARK).

Unité monétaire : la *krona* de 100 *öre*, dont la valeur au pair, en monnaie française est de 1 fr. 389.

TABLEAU DES MONNAIES SUÉDOISES

frappées à l'atelier monétaire de Christiania.

DÉNOMINATION	DIAMÈTRE	POIDS		TITRE	VALEUR au pair.
		Droit.	Fin.		
Or.	millièmes	gr.	gr.		fr. c.
20 kronor	23	8,9606	8,064516		27,78
10 --	18	4,4803	4,032258	900/1000	13,89
5 —	16	2,24015	2,016129		6,94
Argent.					
2 kronor...........	31	15 »	12 »	800/1000	2,67
1 krona........ ...	25	7,5	6 »		1,33
50 öre	22	5 »	3 »	600/1000	0,64
25 —	17	2,42	1,452		0,32
10 —	15	1,45	0,58	400/1000	0,13
Bronze.					
5 öre	27	8 »	»	»	0,065
2 --	21	4 »	»	»	0,026
1 —	16	2 »	»	»	0,013

SUISSE ou Confédération Helvétique.

Union latine.

Double étalon.

Unité monétaire : le *franc* de 100 *centimes.*

TABLEAU DES MONNAIES SUISSES

frappées à l'atelier monétaire de Berne.

DÉNOMINATION	Diamètre.	POIDS		Tolérance pour le frai au-dessous de la tolérance de fabrication.	TITRE		POUVOIR libératoire.	VALEUR au pair.
		Droit.	Tolérance au-dessus ou au-dessous.		Droit.	Tolérance au-dessus ou au-dessous.		
Or.	mill.	gr.		millièm.		mill.		fr. c.
20 francs......	21	6,4516	2	5		1		20 »
Argent.					900/1000		Illimité.	
5 francs.......	37	25 »	3	10		2	Limité	5 »
2 —	27	10 »	5	50			à 50 francs	2 »
1 franc	23	5 »			835/1000	3	entre	1 »
1/2 —	18	2,5	7	»			particuliers.	0,50
Nickel.							Limité	0,20
20 centimes....	21	4 »	12	»	Nickel pur.	»	à 10 francs	0,10
10 —	19	3 »	15	»	Nickel, 25	»	entre	0,05
5 —	17	2 »	18	»	Cuivre, 75	»	particuliers.	
Bronze.							Limité	
2 centimes.....	20	2,5	15	»	Cuivre, 95 Etain, 4	» »	à 2 francs entre	0,01
1 centime......	16	1,5			Zinc, 1	»	particuliers.	

TURQUIE (Empire de).

Étalon d'or.

Unité monétaire : la *Piastre* turque de 40 *paras*, dont la valeur au pair, en monnaie française est de 0 fr. 2278.

TABLEAU DES MONNAIES TURQUES

frappées à l'atelier monétaire de Constantinople.

DÉNOMINATION	Diamètre.	POIDS Droit,	POIDS Tolérance au-dessus ou au-dessous.	TITRE Droit.	TITRE Tolérance au-dessus ou au-dessous.	VALEUR au pair.
Or.	mill.	gr.	mill.		mill.	fr. c.
500 plastres =: 5 livres = 1 bourse.	33	36,082				113,92
250 —	27,2	18,041				56,96
100 —	22,5	7,216	2	916²/³/1000	2	22,78
50 —	18	3,608				11,39
25 —	11,75	1.804				5,70
Argent.						
20 plastres = 1 medjidich.......	37	24,055				4,44
10 —	27,25	12,027				2,22
5 —	24	6,013	3	830/1000	3	1,11
2 —	18,75	2,405				0,44
1 plastre = 40 paras..............	15	1,202				0,22
1/2 — —	13,75	0,601				0,11
Cuivre ou bronze.						
40 paras = 1 plastre............ .	»	21,386	»	Cuivre pur ou bronze à 95 0/0 de cuivre.	»	Nominale. 0,22
20 —	»	10,693	»		»	0,11
10 —	»	5,347	»		»	0,05
5 —	»	2,673	»		»	0,02
1 para	»	0,534	»		»	0,005

URUGUAY (République orientale de).

Étalon d'or.

Unité monétaire : le *Peso national* ou *piastre* de 10 réaux, peso idéal censé peser 1 gramme 697 à 917/1000, dont la valeur au pair, en monnaie française est de 5 fr. 361.

Il n'y a pas de monnaie nationale d'or.

Les seules monnaies spéciales sont les suivantes :

DÉNOMINATION	Diamètre.	POIDS		TITRE		POUVOIR	VALEUR
		Droit.	Tolérance au-dessus et au-dessous.	Droit.	Tolérance au-dessus et au-dessous.	libératoire.	au pair.
Argent.	mill.	gr.	mill.		mill.		fr. c.
1 peso..............	37	25 »				Limité	5 »
50 centesimos	33	12,5	3	900/1000	2	à 2 0/0	2,50
20 —	23	5 »				pour chaque	1 »
10 —	18	2,5				paiement.	0,50
Bronze.						Limité	
4 centesimos	35	20 »	»	(Cuivre, 95)	»	à	0,20
2 —	30	10 »	»	(Etain, 4)	»	20 centesim.	0,10
1 centesimo	25	15 »	»	(Zinc, 1)	»	Nominalement.	0,05

VENEZUELA (République du).

Étalon d'argent.

Unité monétaire : le *Bolivar* de 100 *centavos*, dont la valeur au pair, en monnaie française, est de 1 franc.

DÉNOMINATION	POIDS	TITRE	VALEUR au pair.
Or.	gr.		fr. c.
100 bolivars	32,258		100 »
50 —	16,129		50 »
20 —	2,452		20 »
10 —	3,226	900/1.000	10 »
5 —	1,613		5 »
Argent.			
5 bolivars	25 »		5 »
2 —	10 »		2 »
1 bolivar	5 »	835/1.000	1 »
50 centavos.....................	2,5		0,50
20 —	1 »		0,20

Paris. — Imp. PAUL DUPONT (Cl.) 82.2.08